|经济大趋势系列|

数智乡村振兴

张峻恺——著

清华大学出版社
北京

本书封面贴有清华大学出版社防伪标签，无标签者不得销售。
版权所有，侵权必究。举报：010-62782989，beiqinquan@tup.tsinghua.edu.cn。

图书在版编目（CIP）数据

数智乡村振兴 / 张峻恺著. —北京：清华大学出版社，2022.5（2024.3重印）
（经济大趋势系列）
ISBN 978-7-302-60474-7

Ⅰ. ①数… Ⅱ. ①张… Ⅲ. ①数字技术－应用－农村－社会主义建设－研究－中国 Ⅳ. ①F320.3-39

中国版本图书馆CIP数据核字(2022)第054098号

责任编辑：顾　强
装帧设计：方加青
责任校对：王荣静
责任印制：曹婉颖

出版发行：清华大学出版社
　　网　　址：https://www.tup.com.cn，https://www.wqxuetang.com
　　地　　址：北京清华大学学研大厦A座　　邮　编：100084
　　社 总 机：010-83470000　　邮　购：010-62786544
　　投稿与读者服务：010-62776969，c-service@tup.tsinghua.edu.cn
　　质 量 反 馈：010-62772015，zhiliang@tup.tsinghua.edu.cn
印 装 者：大厂回族自治县彩虹印刷有限公司
经　　销：全国新华书店
开　　本：148mm×210mm　　印　张：8　　字　数：182千字
版　　次：2022 年 7 月第 1 版　　印　次：2024 年 3 月第 3 次印刷
定　　价：69.00元

产品编号：094315-01

推荐序一
从信息经济到数字经济的转型，乡村振兴不能缺席

和峻恺第一次认识是在 2019 年《财经郎眼》的一次节目上，当时恰逢 5G 牌照刚刚发放，运营商正式商用 5G 网络。节目上，我和郎咸平教授、王牧笛一起畅想了 5G 未来会给我们的生活带来什么样的改变，峻恺作为一线的工作者，也做了一些案例的分享。3 年过去了，可以说，5G 已经从畅想变成了现实，5G 已经成为中国数字化转型的一个重要基础设施。我们都说中国社会正在进入数字化转型期，那么数字化跟信息化什么关系？数字化要实现什么样的目标？它对我们的经济发展、社会发展又有哪些重要的意义？

信息经济的出现，是从 20 世纪 60 年代大型计算机的发明开始的，接下来信息经济的发展经历了 70 年代小型计算机，80 年代的个人电脑，90 年代的桌面互联网，2000 年的移动互联网，2010 年的云计算大数据和现在热议的虚拟现实（VR）、增强现实（AR）、元宇宙、人工智能、区块链和 5G 网络技术这样几个阶段。在发展的过程中，20 世纪 80 年代，美国著名的未来学家阿尔文·托夫勒写了一本书，叫《第三次浪潮》。书中指出，人类已经经历了两次文明浪潮，正在进入第三次文明浪潮。第一次浪潮是农业文明的出现，标志是人类学会开发利用物质资源，因此有了铜器和铁器，社会生产力三大要素——生产资料、生产者

和生产工具中的生产工具发生了变革,有了锄头和犁耙,因此有了剩余产品。生产力的提升使种的粮食吃不完,产生了交换的需要,比如想拿一袋米换一只羊,于是就出现了市场,但是我卖米的时候可能你并不想卖羊,或者我没有看上的羊,所以我先把米换成一种叫"货币"的东西,经济学把它定义成一般等价交换物,然后在我需要羊而且你想卖羊的时候,我再拿货币来买羊,所以人类的文明就进步了。我们有了货币,有了市场,所以在农业文明时代,中国长城以南的区域是最早拥抱农业文明的,也就一举成为世界上最发达、最富足的区域。

第二次浪潮发生在工业文明到来之时。工业文明发端于只有几千万人口的英伦三岛,但是因为英国积极拥抱了工业文明,一举成为"日不落帝国",在当时的世界各地殖民,到处都飘扬着米字旗。它为什么那么强大?因为它积极拥抱了工业文明,使社会生产力水平大幅提升。工业文明的特点是发现了一种新的资源,叫能源,开发了一种新的劳动工具——动力化工具,这种工具的特点是只需要人来操纵,并不需要人的力量驱动,所以有了蒸汽机、机床、汽车等高效率的生产力工具。在这个阶段,中国落后了,没有跟上文明发展的步伐,从1840年第一次鸦片战争到1894年甲午中日战争,我们才逐渐知道自己已经打不过很多国家了。

然而中国有没有机会?机会就出现在信息文明时期。托夫勒指出,人类发现了一种新的资源,叫信息,不是所有的信息都对人有用,对人有用的信息才叫知识。但是每个人获取信息的能力有限,因此我们开发了一种新的劳动工具,叫网络,它可以帮我们轻而易举地获取信息。这些话说起来轻描淡写,但是有非常深刻的内涵。我们被信息的海洋淹没,周围每天充斥着各种各样的信息,而且对同一个问题的说法都不一样,哪个对、哪个错,我们不知道，因此又开发出一种新的劳动工具，叫计算机，帮助我们加工处理、利用这些信息。托夫勒指出，未来一个国家和一个企业的核心竞争力是运用网络和计算机的水平，如果拒绝拥抱这两样东西，也就是拒绝拥抱信息化，将被别人降维打击。

所有的技术发展推动着社会在向一个面向信息科技的时代发展。大家可能会说，你讲了半天的信息经济，以前我们也叫信息经济、信息化，怎么这两年又叫数字经济了？数字经济到底是怎么回事？所以我想跟大家分享一下。通过一段时间的调研，我们认真地梳理了数字经济这个概念的来源。最早提出数字经济的是加拿大多伦多大学的教授，叫唐·泰普斯科特（Don Tapscott）。1995年，当全世界都在讲信息化的时候，他出了一本书叫《数字经济》（*Digital Economy*）。但是他当时不是特别有名，也很少有人关注到这本书，这本书甚至没有被引进翻译成中文。之后人们才知道，这个人相当牛，他每十年出一本经典，1995年的《数字经济》、2005年的《维基经济学》、2015年的《区块链革命》都是出自这位学者之手。他的书出版后引起了一个极有社会影响力的学者——美国麻省理工学院的尼葛洛庞帝教授的关注，尼葛洛庞帝接受了"digital"（数字化）的概念，于1996年出版了一本书《数字化生存》（*Being Digital*）。由于尼葛洛庞帝是美国《连线》杂志的主编，搜狐的天使投资人和张朝阳的导师，所以他的这本书也被翻译成中文，在中国大卖。当时还有一些人认为，信息化和数字化只不过是一些学者创造的词句而已。然而美国政府最先发现了它的趋势，所以在2000年的4月，美国商务部也出版了一本书《浮现中的数字经济》（*The Emerging Digital Economy*），中国社科院的姜奇平教授团队把它翻译成中文，告诉我们世界正在进入一个数字经济时代。

我们国家谈数字经济可能要追溯到 2016 年的二十国集团领导人杭州峰会上,由我国主导起草的《二十国集团数字经济发展与合作倡议》。从那以后,从上到下,社会各界好像很少再谈信息化,都在谈数字化。那么数字经济跟信息经济有什么关系?随着信息经济的深入发展,我们将走入一个数字经济时代,所以也可以把它叫作"后信息化时代"。什么叫信息化?对当下的中国人来讲,我们已经走过这个时代。现在大部分人开车都知道用导航设备来指路,信息帮助我们。但谁在开车?还是我们自己。信息让我们开车更快捷、更方便、更有效率,我们再也不会迷路。那什么叫数字经济?出门自驾游,车自己开,我们只需要在车上打桥牌、唱卡拉 OK,这就叫数字经济。听说过黑灯工厂吗?为什么叫黑灯工厂?因为工厂里根本没有人,都是机器通过工业模组和传感器在工作,7 天 24 小时不打烊,也不需要开灯。

有人说这不就是智能经济吗?这不就是智能制造吗?对!数字经济包含两大要素:第一个要素是工具的智能化,信息经济的高级发展阶段意味着我们将开发出一种新的劳动工具,这种劳动工具既不需要人的力量驱动,也不需要人操纵,机器自己干活,这就叫数字经济的智能化。第二个要素是除了工具的智能化,还要所有生产要素的数据化。农业文明时期,谁最有钱?当然是地主,方圆百里的土地都是他家的,他最有钱。为什么土地多了就最有钱?因为农业文明的生产要素是土地。工业化时代,谁最有钱?谁有矿、谁有油田,谁最富有。那么数字经济时代,谁最富有?很多专家、学者会告诉你,谁掌握了数据,谁说了算。比方说,大家习惯互联网以后,发现互联网总是投其所好,都是个性化服务。我喜欢摄影,用的是某个品牌相机,所以当我打开电商的 App,首页上就会出现该品牌相机的信息,它新推出的镜头、微单、闪光灯，不会推其他品牌给我。这是因为电商平台对你设计了画像，对你的行为进行了描述，这是现在网络商家最常用的一种方法，叫兴趣搜索的智能匹配。它的核心是什么？是数据。数字经济的核心有两个：一个是工具的智能化，一个是要素的数据化。这些让机器更多地依赖数据去操作的方式，都是以数字化的方式操作的。当信息经济发展到高级阶段，即后信息化阶段，我们就会进入一个数字经济的时代。这个时代如果对我们的传统产业进行赋能，我们就能打造高端制造业，而不用去重复走西方的工业化老路，这就是我们"弯道超车"必须要做到的。

我们知道，蒸汽机的出现带来了工业 1.0，电力的出现带来工业 2.0，计算机的出现带来工业 3.0，今天要说互联网加上人工智能将带来智能制造的工业 4.0。但是严格地说，今天的互联网和人工智能还远远没有用在工业或制造业，主要还是用于消费娱乐。这就犹如电力这个伟大的发明，如果仅仅用在照明上，生活当然方便很多，但是它的商业影响力是有限的。如果有一天电力走向了所有的制造业，这场革命的帷幕就拉开了。我们今天就在风口上，互联网将从消费互联走向产业互联，而推动进程的核心技术就是 5G 技术。5G 是第 5 代移动通信的简称，不同于以往的通信技术，以往的通信技术是连接人与人、人与计算机服务器等，5G 的核心思想是要实现物联网、车联网、工业互联网、数字农业，把我们推向一些产业级的应用。

简单举个例子。一谈到无人机，大家很自然想到大疆的无人机。但是我想告诉大家，大疆也面临着一个升级换代。当 5G 对大疆的无人机赋能，会产生什么样的作用？第一，用无人机拍摄的高清视频、照片不需要把它收回来才能拿到，你可以做 4K 高清视频的直播。因为它有大带宽能力，能做高清的甚至工业视觉级的监控。第二,你可以用飞控平台来进行远程操控。广东有一家叫亿航的无人机企业,无人机能载重几百公斤,定位是洒农药,可是除了中国的东北大农场有需求,其他地方基本没有需求,所以一直打不开市场。后来又说能用于森林救火,但森林也不能老着火,所以还是打不开市场。后来它想出一个办法——做高层楼宇的消防。全世界一直有一个难题,比如上海对世界第二高楼上海中心进行消防演练,一个信号出去,4个方向的消防队扑过去,没想到有一队堵在延安路高架路上,有一队快速地冲到了楼下,但发现高压水枪和云梯都够不着,如今,这个问题用无人机解决了。有5G赋能的无人机,可以在设在武汉市的飞控中心,控制上海的无人机起飞。标准的消防队屋顶都是一个平顶,能停一架中型的救援直升机,所以载荷量是够的,现在正好并行停两架消防无人机,每驾无人机挂4颗灭火弹,一旦给一个信号,不用担心马路的拥堵,无人机飞过去,对着4个方向的窗户打出几颗灭火弹,空气一阻截,火就灭了。所以从2020年底,我们的很多大中城市都在预备自己的消防无人机,彻底解决了这个问题。这个东西是靠什么?是靠5G的赋能。不可能每一架救火无人机底下跟着一个人,所以必须用飞控平台,必须用5G技术,我们就能看到这样的技术有多么重要。

从国家经济发展的需要,我们需要走向高端制造业,从而实现内循环,突破中等收入陷阱,走向我们2035年中长期发展规划的目标,建成社会主义现代化国家。这个发展的核心就是要靠科技来驱动,而且在科技驱动的过程中我们还要换赛道,还要通过数字化的解决方案,使我们的企业在更高维度上实现跨越式的升级,这才能让我们不是跟在别人屁股后边跑,而是有我们自己的创新企业、创新的商业模式,创新的经济发展模式,这才是数字化转型必须考虑的问题。

未来的十年是社会数字化转型的十年，所有的行业都值得重新做一遍，因为什么？因为趋势大于优势。我们一定要知道趋势在哪儿，今天的趋势就是数字化技术引领的各种科技的发展方向，我们去拥抱科技才是正路。

真心推荐本书给各位读者，2021年是国家"十四五"乡村振兴战略的开局之年，我们国家的数字化转型工作，未来一定不能离开我国广大的农村地区。峻恺作为乡村振兴一线的工作者，将日常工作总结成这本书，体系化地向各位读者介绍乡村振兴数字化转型工作。希望我们国家的数字经济发展能够持续支撑我们的中长期目标，实现我们建成社会主义现代化国家的宏伟目标。

吕廷杰
北京邮电大学经济管理学院院长
中国信息经济学会副理事长
中国联通独立董事

推荐序二
以数字智能技术服务乡村振兴的百镇百面、千村千面

我和峻恺的父母是世交,在韶关时,两家人一起相处多年。在峻恺上中学的时候,我发现他有很强的理工男气质,做事专注,喜欢钻研问题。记得当年峻恺还在读高一的时候,我曾问他:"你想考什么大学?"当时学习成绩还不太理想的峻恺毫不犹豫地回答:"考华南理工大学!"自此,我们几位长辈就给了他一个绰号——"张华工"。没想到三年后应验,"张华工"以韶关市前80的成绩考入华南理工大学电信学院,并在华工电信学院从本科、硕士一直读到博士毕业。峻恺读博期间,我曾与他一同住在华工博士楼宿舍,知道他这么多年完成博士学业的不易。博士毕业后,峻恺一直在通信行业默默工作,近年来,恰逢其时迎来了国家乡村振兴战略的新开端,通信技术无缝对接上国家"十四五"规划乡村振兴战略数字化转型的节点。我想,今天他能完成《数智乡村振兴》一书,靠的绝对不是巧合和运气。以通信等技术服务于乡村振兴的数字化转型,需要国家政策的支持,更需要大量像峻恺这样的一线数字化工作者的共同努力。

数字经济上升为国家战略,加速向纵深演进,发展速度之快、辐射范围之广、影响程度之深前所未有。2022年1月国务院印发的《"十四五"数字经济发展规划》明确指出,要"推动5G商用部署和规模应用""推进云网协同和算网融合发展""推

进产业数字化转型、推动数字产业化、提升公共服务数字化水平",预计到2025年,数字经济核心产业增加值占GDP比重将达10%、软件和信息技术服务业规模将达14万亿元。具体到广东,数字经济规模2020年达5.4万亿元,2025年预计达到11万亿元;软件和信息技术服务业规模2020年达1.35万亿元,2025年预计达到2万亿元。信息服务业将迎来大有可为的机遇期。

全面推进乡村振兴战略,是党中央站在"两个一百年"奋斗目标的历史交汇点上做出的重大战略决策,是实现"共同富裕"社会主义本质要求的重要举措,是实现社会主义现代化的重要目标。党中央明确,打赢脱贫攻坚战、全面建成小康社会后,要进一步巩固拓展脱贫攻坚成果,继续推动脱贫地区发展和乡村全面振兴。

为配套国家乡村振兴战略规划目标,促进农业产业发展,农业农村部、中央网络安全和信息化委员会办公室印发《数字农业农村发展规划(2019—2025年)》。该规划提出,到2025年,数字乡村建设取得重要进展,农业数字经济占比要从2018年的7.3%提升至2025年的15%,农产品网络零售额占比要从2018年的9.8%提升至2025年的15%,农村互联网普及率要从2018年的38.4%提升至2025年的70%,通过数字技术的普及,有力支撑数字乡村战略实施,2035年全面实现农业现代化。

数字技术、智能技术是国家乡村振兴战略的数字化转型支撑,数字乡村也是我国数字经济、数字城市未来的乡村市场"内延伸",具有广阔的市场空间,通过"农村包围城市"战略,未来甚至可以延伸到数字城市、一网通管的乡村版。广东省广电网络也推出了"智慧广电乡村振兴公共服务平台",以"云服务+百镇百面/千村千面"的方式,在全省各地市陆续得到应用。各地市结合自身的优势和特点，创造性地开展应用和推广。平台内容涵盖"党史党建、村务公开、学法懂法、平安村居、农家书屋、勤劳致富、乡村电商、应急指挥"8个模块。平台建成后，村民们实现由"户户通"向"人人通"、由"看电视"向"用电视"的新跨越，实实在在地享受到"智慧广电"的便利和乡村振兴的实惠。我们所有的数字化一线工作者，包含广电各级行政单位，都应该服务好乡村振兴的国家战略，主要要做好以下三点：

一要提高政治站位，充分认识数字技术、智能技术助力乡村振兴的重要性。深入贯彻落实习近平总书记对实施乡村振兴战略做出的重要指示，按照省委、省政府有关乡村振兴的部署，继续开展乡村振兴数字化专项行动，在广大乡村积极布局数字化平台，认真做好宣传引领、作品创作传播、消费帮扶、人才教育帮扶、公共服务等，不断满足人民群众精神、文化、生活等方面的需求，为乡村振兴提供有力支撑。

二要强化责任担当，积极丰富数字化乡村振兴平台的应用。各地各级广电等行政部门和企业要积极与当地政府宣传部门和各个镇（村）委做好沟通与协调，将各地丰富的旅游资源、饮食文化资源、特色古村古镇等资源都挖掘出来，放到智慧广电等乡村振兴相关公共服务平台上去宣传和推广，从而不断丰富平台内容，增强人民群众的使用体验，真正把我们的服务落到实处。

三要立足广东实际，持续高质量全面推进数字智能技术服务乡村振兴工作。目前，广东省21个地市已全部完成智慧广电乡村振兴公共服务平台示范点的建设，在乡村振兴工作中取得一些初步成效，但是还存在平台建设数量比较少、用户体验不够好和推进平台建设未能形成合力等问题。要提高认识，立足更高标准，积极谋划，共同努力，把智慧广电乡村振兴公共服务平台建好、用好，为乡村振兴贡献力量。

以上三点，仅仅是我作为广电从业者对乡村振兴数字化服务的理解，峻恺作为乡村振兴数字化工作者，他写的这本书，通过一个个真实的数字化案例，从产业、人才、文化、生态、组织五方面，阐述了以5G为主的网络新基建，搭载数字及智能技术，如何服务于我国乡村振兴工作，具有理论指导价值和落地参考价值。

真心向各位读者推荐本书，希望这本书能给一线数字化工作者的乡村振兴工作带去切实帮助，也希望未来我们国家的乡村建设得更加美好。

刘小毅
广东省广播电视局党组书记、局长

前　言

2019年国庆期间，我和几个朋友到美国西部自驾游。让我至今都记忆犹新的是我从盐湖城到拉斯维加斯的路上的见闻。我们经过了一片麦田。准确地说，是一片我从来没有见过的广阔的农场，我们大约驱车两个小时才通过了这片农田。如此广袤的农场，是无法靠人力完成农业生产的，只能使用大型农业机器。在农场上我们看到了长度五六十米的农药喷洒机，以及正工作着的大批工业化农机。

同样的农田我们在美国不止一处看到过，包括从洛杉矶附近的一片新奇士橙田，我们也是开了大概一个多小时才能经过。我们不禁感叹美国农田规模大、区域之广。

自驾的时候也有一件事让我们很崩溃：在美国西部的公路上，经常出现没有一点网络信号的情况，这让第一次在国外自驾的我们感觉非常不便。当初租车的时候为了省钱没有租离线GPS设备，因此我们只能借助自己的手机地图来导航，没有网络，就意味着手机导航无法使用。更致命的是，万一车辆在路上出现故障，我们就会因为没信号而无法打电话求助或者报保险公司了。

在洛杉矶附近的一号公路上，我们吃午饭的时候，把车停在餐厅附近一个收费停车场上，半小时内，我们的车就被砸了玻璃，朋友的一个包裹被偷走了。我们报警后，跟警察提出调取监控，从而定位小偷，但是由于基建等原因，只有少数区域装有视频监控设备。看来依靠这些在中国人习以为常的数字化手段来定位小偷基本不可能了。

美国西部游的次年,我们一行人又在五一期间进行了一次省内自驾游。五一前一个工作日下班后,我们从广州出发,经过了高速、国道、省道以及各种乡村山路,经历5个小时,最终到达了茂名市信宜市的钱排镇。由于工作习惯的原因,我喜欢观察手机的信号情况,从广州到钱排镇的5个小时路程里,我的手机信号一路满格。我们一行人本次省内游的目的是去参加钱排镇的"三华李节",三华李是广东的一种特色水果。我们到钱排镇的时候已经是凌晨2点了,但是整个镇上灯火通明,一辆辆物流车趁着深夜将白天采摘收购的三华李运出镇外,珠江三角洲的消费者使用手机下单,第二天就基本能收到最新鲜的三华李。"三华李节"当天,整个钱排镇的三华李树下到处都是"网红",他们正拿着手机从不同角度直播三华李采摘的实况;还有技术人员通过VR等技术采集三华李的360°实时展示数据,此番景象吸引了城市里的消费者通过不同途径远程观看"三华李节"的盛况。除了网络直播,镇区内邮政、顺丰、淘宝、拼多多等网点也已逐步铺开。网点内的工作人员人人都在拿着手机工作,在这里,手机已经成为"新农人"的"新农具"。相比于过去农村的落后,近几年,随着国家乡村振兴的利好政策,广大农村成为让各大企业竞相奔赴,纷纷进驻和抢占未来我国重要"下沉市场"的广阔空间。

我讲述这两次自驾的经历是想说明我国将会走出一条与美国不同的农业农村转型之路。读者应该也能从以上两个例子中体会到,我们国家运营商的网络建设毫无疑问是我国数字化转型的一个重要基础。在我国的体制优势下,运营商对农村投入了大量资金,进行基础建设。我国目前的农村基础建设基本是按城市的"三通一平"来实施的,而我国的基建和未来以5G为代表的"新基建",

为我国下一轮向数字经济转型发展提供了基础保障。

在乡村振兴的战略指导下，未来我国通过数字化转型充满了各种可能性，5G等新基建仅是未来实现乡村振兴数字化转型的一种工具。更重要的是，未来如何通过乡村振兴的数据挖掘，应用智能技术，让政府管理有效、农民增收、产业融合、城乡结合更便利。

2021年，是"十四五"乡村振兴的开局之年，数字化、智能化一定是乡村振兴的重要基础。我们引用毛泽东同志说过的一句话来表达写作本书的愿望：

"农村是一个广阔的天地，在那里是可以大有作为的。"

张峻恺

目 录

第1章 乡村振兴数智化转型新篇章 ············· 1

1.1 数字智能时代,所有行业都值得重新做一遍·········· 3
1.1.1 第四次科技革命,数字是生产资料,智能是生产力········· 3
1.1.2 我国数字经济已经成为经济增长的主动力············ 6
1.1.3 我国数字经济发展的四个阶段················ 8
1.1.4 数智化开启数字经济新定义················ 12
1.1.5 数智化比元宇宙更具备确定性················ 14

1.2 乡村振兴战略下的数字乡村与数字农业············ 16
1.2.1 "十四五"乡村振兴开局之年················ 17
1.2.2 数字乡村的前世今生···················· 19
1.2.3 从农业1.0到农业4.0··················· 21
1.2.4 数智乡村振兴市场空间巨大················· 24

1.3 5G助力数字乡村走向数智化时代·············· 26
1.3.1 什么是5G?························ 27
1.3.2 打造"连接+算力+能力"的5G乡村振兴新基础······· 28
1.3.3 5G将彻底升级数字乡村的数智化概念············ 29

第2章 构建数智乡村振兴指标评估体系 ··········· 33

2.1 乡村振兴的"无数之困"·················· 34
2.2 构建乡村振兴评估体系··················· 36

2.3 搭建乡村振兴综合服务平台 ··· 37
2.4 整合乡村振兴数智化五大振兴应用 ································· 39

第 3 章　数智新技术建设数字乡村 ··· 43

3.1 P: Perception——天空地感知 ··· 45
　3.1.1 物联网，让农业有"感知"能力 ································· 45
　3.1.2 北斗＋卫星遥感，让农业真正实现"知天而做" ················· 48
3.2 I: Instrument——智能装备 ··· 51
　3.2.1 无人机，7×24 小时的植保＋巡检新技术 ······················· 52
　3.2.2 无人农机，覆盖耕种管收农业全程作业 ························· 53
3.3 A: Application——数字应用 ··· 55
　3.3.1 网络直播，消费到生产需求端到端 ····························· 55
　3.3.2 农业上云，农业版的"工业上云" ····························· 56
3.4 N: Network——融合网络 ··· 57
　3.4.1 5G 新技术：赋能农业"新农具"生产 ·························· 57
　3.4.2 未来的 6G：真正实现天空地一体化网络 ······················· 59
3.5 O: Operation——虚拟运算 ··· 61
　3.5.1 区块链，提升农产品品牌价值的溯源技术 ······················ 61
　3.5.2 数字孪生，构建数字乡村的虚拟系统模型 ······················ 63
　3.5.3 AR/VR：农旅结合的远程虚拟体验空间 ······················· 65

第 4 章　数智化农业生产：第一产业振兴 ································· 69

4.1 数智化精准种植 ··· 71
　4.1.1 数智化环境自动调控 ·· 73
　4.1.2 数智化全自动水肥一体 ·· 73

4.1.3 数智化自动灌溉 ······ 74
4.1.4 数智化病虫害预警防治 ······ 74
4.1.5 数智化农作物监测及气象监测预警 ······ 75
4.1.6 阳西县东水山茶让"5G+数智化"成为"金扁担" ······ 76
4.1.7 潮州老佛手果走向数智新世界 ······ 78

4.2 数智化渔业养殖 ······ 80
4.2.1 数智化海洋牧场 ······ 82
4.2.2 数智化鱼塘 ······ 83
4.2.3 数智化渔业捕捞 ······ 84
4.2.4 数据说话，5G养殖让脆肉鲩增产增收 ······ 86

4.3 数智化畜牧 ······ 87
4.3.1 数智化无人养猪场 ······ 88
4.3.2 数智化牲畜远程放牧 ······ 90
4.3.3 不脏不累，河源紫金县无人养猪场来了 ······ 91

第5章 数智化农产品加工：第二产业振兴 ······ 93

5.1 数智化冷链仓储 ······ 95
5.1.1 数智化全程冷链 ······ 96
5.1.2 数智化共享冷库 ······ 99
5.1.3 数智化田头小站为高州"荔"保鲜护航 ······ 102

5.2 数智化加工 ······ 104
5.2.1 数智化自动采摘 ······ 105
5.2.2 数智化农产品加工 ······ 106
5.2.3 5G农业让大埔县蜜柚的"致富树"结出"黄金果" ······ 107
5.2.4 "中国虾王"的抗疫复产"5G加速度" ······ 109

第 6 章　数智化农产品品牌营销：第三产业振兴　111

6.1　数智化农产品品牌营销　113
- 6.1.1　数智化农贸市场　114
- 6.1.2　数智化直播电商入村　117
- 6.1.3　数智化产销一体云店　119
- 6.1.4　徐闻政府搭台，菠萝妹妹唱出了直播带货的好戏　120
- 6.1.5　从产地到餐桌的眉县数字猕猴桃打破国产农产品牌天花板　123

6.2　数智化金融服务　124
- 6.2.1　数智化农村土地综合金融服务　126
- 6.2.2　数智化养殖金融服务　128
- 6.2.3　农担公司，推进金融数字化转型助力乡村振兴　130

第 7 章　数智化新农人培养：人才振兴　133

7.1　数智化人才培养　134
- 7.1.1　数智化远程教育　138
- 7.1.2　数智化沉浸式教学　140
- 7.1.3　数智化农村校园　141
- 7.1.4　同步课堂，"云"端实现独龙族孩子们"到北京上学"的梦想　143

7.2　数智化人才下乡　144
- 7.2.1　数智化电商人才帮扶　145
- 7.2.2　数智化人才信息库　147
- 7.2.3　数智化农技资料馆　148
- 7.2.4　广东启动百万电商训练营，线上超 45 万人次观看　149

第8章 数智化农旅融合：文化振兴 ················· 151

8.1 数智化乡村旅游·················· 152
- 8.1.1 数智化乡村休闲度假·················· 154
- 8.1.2 数智化乡村文化驿站·················· 156
- 8.1.3 数智化特色乡村民宿·················· 158
- 8.1.4 云南勐巴拉5G+数字雨林小镇，数智农旅小镇新标杆 ······ 160

8.2 数智化乡村文明治理·················· 163
- 8.2.1 数智化乡村文明服务·················· 163
- 8.2.2 数智化乡村文明治理·················· 164
- 8.2.3 数智化乡村网络文化引导·················· 165
- 8.2.4 云浮市新兴县天堂镇"5G直播贺新春 双城雄狮齐献瑞"·················· 167

第9章 数智化碳源碳汇监测：生态振兴 ················· 169

9.1 数智化碳源·················· 170
- 9.1.1 数智化水污染监测·················· 172
- 9.1.2 数智化空气污染监测·················· 174
- 9.1.3 数智化垃圾污染监测·················· 176
- 9.1.4 新泰市光伏+大棚，实现现代农业"农光互补"需求 ······ 178

9.2 数智化碳汇·················· 179
- 9.2.1 数智化林长制·················· 183
- 9.2.2 数智化生态监测·················· 184
- 9.2.3 数智化林区智能管理·················· 186
- 9.2.4 广东全面推进林长制，加快建设"森林广东"·················· 187

9.3 数智化碳循环农业·················· 188

9.3.1 数智化农业循环高标准农田…… 189
9.3.2 数智化生态循环美丽鱼塘…… 191
9.3.3 湖州数智化桑基鱼塘，新时代的生态"养鱼经"…… 193
9.4 数智化碳交易…… 194

第10章 数智化基层提效：组织振兴…… 199

10.1 数智化农村基层组织服务…… 200
  10.1.1 数智化农村党建…… 202
  10.1.2 数智化防返贫监测…… 204
  10.1.3 数智化阳光村务…… 207
  10.1.4 数智化农村宅基地管理…… 208
  10.1.5 新华广播的数字播报员助力2021年"中国农民丰收节"广东省主会场活动…… 210
10.2 数智化农村居民服务…… 211
  10.2.1 数智化分级诊疗…… 212
  10.2.2 数智化居家养老…… 214
  10.2.3 数智化远程法律服务…… 215
  10.2.4 兴宁市数智法律等居民服务赋能乡村振兴…… 216
10.3 数智化农村集体经济组织改革…… 217
  10.3.1 数智化农村产权制度改革服务…… 218
  10.3.2 数智化农村集体经济模式创新…… 219
  10.3.3 茂名市信宜市大城镇通过数智化方式试点农村综合性改革…… 221

参考文献…… 223
致谢…… 229

第 1 章

乡村振兴数智化转型新篇章

我国城镇化发展到现在，农村还有5.7亿人，即使到2030年城镇化率达到70%，农村也还有4亿多人。所以，要实现城乡协调发展，不能建设"一个发达的城市，一个落后的农村"。

随着工业化和城镇化的发展，农村面临着劳动力进城和劳动力短缺的现象。如果再以传统的自给自足的小农经济发展农业，势必无法满足未来中国农业的发展需要。

而且，虽然我国农村面临着劳动力减少的趋势，但是未来依旧有大量人口留在农村生活，提升农村人口的生活水平一定是我国未来"内循环"战略的核心，只有农村建设得更加美好，才会有更多人愿意回到农村生活。

因此，我国必须要探索出一条符合我国国情的农业农村发展道路，要让我国的农业发展成为生产、运输、销售实现数字化的高效精细化农业，还要实现我国农村的智能化治理。我国提出的数字乡村建设，也许就是适合中国农村未来发展的路径之一。

5G是我国"新基建"（"新型基础设施建设"的简称）战略的重要一环。中国5G产业市场需要新的突破，需要找到将5G与产业结合的点，迅速形成市场的合力。我国通过建设数字乡村实现乡村振兴，就是5G在我国的一次行业确认机会，寻找一条适用于中国的数字农业农村发展道路，相信在不久的未来，我国的新时代数字乡村将会在全球市场找到检验和拓展的机会。

1.1 数字智能时代,所有行业都值得重新做一遍

从 2020 年开始,一些国内头部企业开始谈论一个新的概念——数智化时代(Digital-Intelligent Age),并且有越来越多的企业认同和加入数智化的转型和变革中。那么,究竟什么是数智化?数智化和前几年的"数字化"是否为同一概念?如果不是,那么区别是什么?在这一视野下,企业"从数字化到数智化"将经历哪些阶段,分别要处理哪些重要议题?数智化会对我国传统行业,包括农业有什么革命性的影响? 5G 会在数智化时代起到什么关键性的作用?

以上关于数智化时代的问题,我们都会在本节中进行概念性的阐述和解答。

1.1.1 第四次科技革命,数字是生产资料,智能是生产力

人类历史上经历过三次科技革命,深刻地改变了社会面貌,改变了人类生活,改变了世界格局。而第四次科技革命将会引发新的社会变革。

第一次科技革命(蒸汽机革命):第一次科技革命是 18 世纪中叶英国主导的蒸汽机革命,标志性事件就是瓦特改良了蒸汽机。这次工业革命直接改变了原来 7000 多年的农业社会,用机械化大生产代替了人力劳动,煤和矿石能源成为最重要的生产资料,并间接引发了第一次世界大战。

第二次科技革命(电气革命):第二次科技革命是 19 世纪下

半叶美国主导的内燃机革命，电力和石油成为动力的新能源，人类通过电力和新交通工具的发明，进入了"电气化时代"。电气革命也引发了大国对石油的争夺，并一直影响到第二次世界大战之后的世界地缘格局。

第三次科技革命（信息革命）：第三次科技革命是20世纪80年代美国主导的信息革命，其中最有划时代意义的是电子计算机的迅速发展和广泛应用，半导体的生产能力成为信息革命时期最重要的生产资源。信息革命一直影响至今，信息革命制高点的争夺，依然是大国间博弈的主要内容。

未来第四次科技革命（数智革命）：第四次科技革命尚未到来，生物科技、基因工程、新能源、量子计算等技术都有可能成为第四次科技革命的标志，本书所谈及的是基于5G、人工智能、区块链、云计算等带来的数字智能转型（Digital-Intelligent Transformation），形成以网络为基础、信息技术和数据要素为驱动的新增长模式。

人类经历的三次科技革命切实地改变了人类的生活方式和生产能力，但是，科技革命引起了生产关系的改变，也给人类社会的发展带来过沉重的打击。在表1-1中，我们总结了三次科技革命（包含科技革命前农业时期），因生产力改变而带来的生产关系和生产资料的改变，由此推断数智革命时期人们将面临的发展模式的改变。

表 1-1 科技革命引发的生产关系革命

科技革命时期	标志性生产力	核心生产资料	引发生产关系革命
农业时代（科技革命之前）	人力	土地	封建领土争夺
第一次科技革命（蒸汽机革命）	蒸汽机	煤、矿石能源	第一次世界大战

续表

科技革命时期	标志性生产力	核心生产资料	引发生产关系革命
第二次科技革命（电气革命）	电气机械	石油	第二次世界大战 中东战争 石油霸权
第三次科技革命（信息革命）	计算机与互联网	半导体	美日、中美贸易争端
未来第四次革命（数智革命）	智能	数字	国家和国家、国家和企业、企业和个人的数字权力争夺

从表 1-1 所总结的五个时期的生产关系变革，我们可以看出国家占领科技革命主导地位的重要性。在农业时期，由于土地是农业社会的重要生产资料，因此封建时代领主间的战争主要表现为领土的争夺；到了蒸汽机革命后期，欧洲几大强国发动第一次世界大战时表现的形式为扩张殖民地获取各种工业物资和对德国鲁尔等几个产煤工业区的争夺；到了电气革命时代，由于石油是电气化设备的主要动力来源，对于石油的掌控权影响着世界的地缘版图和格局。到了信息革命时代，由于计算机和网络的兴起，半导体成为最重要的生产资料，因此过去和不久的未来也将会引发多次以半导体为目标的贸易战，因此掌握半导体的生产能力是第三次科技革命的战略制高点。经过科技革命，国家间的战争不再以争夺土地和人口为目的，殖民地模式是抢夺殖民地的生产资料而不是土地和人口。石油霸权后时代，大国减少了对其他国家领土的需求，贸易战也取代了传统的冷、热兵器战争形式。可以说，科技革命改变了人类掠夺生产资料的方式，掌握科技革命的制高点，有助于大国间对世界格局的主导性变革。

通过对以上三次科技革命的回顾，我们可以一起预期未来第四次数智革命给世界带来的变化——数据在未来将会成为最核心、最有价值的生产资料。

经过信息革命之后，互联网、物联网数据已经成为生产资料，但是对于这些海量的、指数级数字生产资料进行分析和应用，需要发展5G、人工智能、区块链、云计算等智能技术，因此"数字化"只是数智革命的初始阶段，而"数智化"才会让数字成为第四次科技革命真正的生产力。

可以说，未来谁掌握了数据，谁就抢到了主导世界"数智化"革命的先机、入场券。

1.1.2　我国数字经济已经成为经济增长的主动力

前瞻产业研究院发布的《2021年中国数字经济发展报告》（以下称《报告》）显示，我国数字经济发展已进入成熟期，数字产业已成为数字经济发展的先导产业，产业数字化成为数字经济发展的主阵地。

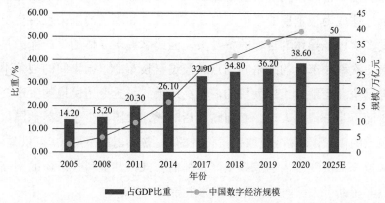

图 1-1　2005—2020 年中国数字经济增加规模和占 GDP 比重

（数据引自前瞻产业研究院《2021 年中国数字经济发展报告》）

如图1-1所示,数字经济成为我国国民经济高质量发展的新动能,数字经济增加规模由2005年的2.6万亿元增加至2020年的39.2万亿元。数字经济在GDP中所占的比重逐年提升,由2005年的14.2%提升至2020年的38.6%,并且,数字经济占GDP的比例预计会在2025年超过50%。数字经济在经济增长中的贡献也在逐步提升,《报告》显示,从2014年开始至2020年,数字经济对经济增长的贡献率均超过50%,已经高于第一和第二产业对经济增长的贡献之和。以2019年为例,数字经济对经济增长的贡献率达到了67.7%,高于第三产业59.4%,远远高于第二产业36.8%、第一产业3.8%的贡献率。如图1-2所示。

图1-2 2019年数字经济增长贡献率均高于第一、第二、第三产业贡献率

数字经济也在逐步改变就业结构,根据中国信息通信研究院测算数据,如图1-3所示,2018年中国数字经济领域就业岗位达1.91亿个,占全年就业总人数的24.6%。其中,数字产业化领域就业岗位达1220万个,产业数字化领域就业岗位达1.78亿个。根据中国信息通信研究院测算数据,2018年第一产业数字化转岗人数约1928万个,占第一产业就业总人数的9.6%;第二产业数字化转岗人数约5221万个,占第二产业就业总人数的23.7%;第三产业数字化转岗人数约13426万个,占第三产业就业总人数的37.2%。

👥 第三产业转岗人数13426万个

🦾 第二产业转岗人数5221万个 转岗至 📶 数字经济就业岗位1.91亿个

🐂 第一产业转岗人数1928万个

图1-3 2018年数字经济创造就业岗位源于第一、第二、第三产业就业转移

从以上研究可得出结论，我国数字经济已经占据我国经济总量的大半，在可预见的未来，数字经济将在我国国民经济中发挥主导性作用。

1.1.3　我国数字经济发展的四个阶段

自从20世纪90年代互联网走进我国以来，数字经济就已经在我国开始萌芽，每年从事数字经济的人数和经济总量均呈现两位数以上的复合增长率，到今天为止，我们可以把我国的数字经济发展分为四个阶段，如图1-4所示。

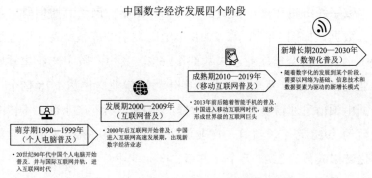

图1-4　中国数字经济发展的四个阶段

从20世纪90年代开始，随着中国个人电脑的普及，中国有了第一波从事数字经济的先行者，出现了与国际接轨的国内企

业，并逐步发展成这一时代的 IT（Information Technology，信息技术）巨头。联想、金山、太平洋电脑等一批与 PC（Personal Computer，个人电脑）周边相关的企业逐步发展为当时的新经济龙头，带动了一大批年轻人进入互联网数字浪潮中勇当时代"弄潮儿"。但是，随着 2000 年美国互联网泡沫破裂，中国的 IT 企业也未能幸免于难，一大批模仿美国的中国 .com 企业倒闭。行业经历了 3～4 年低谷后，随着中国网民数量的持续高速增长，再次从中国互联网发展期浪潮中涌现出新浪、搜狐等一系列互联网数字经济新宠儿。到了 2013 年前后，随着手机终端数首次超越 PC 终端和乔布斯苹果手机引领的智能手机的普及，中国的数字经济进入了移动互联网时代。移动互联网时代带来了新的数字经济增长的同时，又对行业进行了一次洗牌，传统的 PC 时代互联网巨头逐步被阿里、腾讯等一批移动互联网"新贵"所替代，并一直发展到今天。

随着 2013 年后移动互联网的普及和中国数字经济进入成熟期，我国从 2015 年开始陆续提出各种与数字经济相关的政策，从 2015 年最早的"国家大数据战略"开始，数字经济发展和数字化转型的政策就在国家层面不断地深化和落地，广东、浙江、四川等几个大省也陆续启动国家数字经济创新发展试验区，并相继出台本省的数字经济政策。到了 2020 年，党的十九届五中全会通过的《中共中央关于制定国民经济和社会发展第十四个五年规划和二〇三五年远景目标的建议》，明确提出要"加快数字化发展"，并对此做出了系统部署。这是党中央站在战略和全局的高度，科学把握发展规律，着眼实现高质量发展和建设社会主义现代化强国做出的重大战略决策。

表 1-2　中国数字经济近期重要政策汇总

时间	重要政策	数字经济相关主要内容
2016.3	《中华人民共和国国民经济和社会发展第十三个五年规划纲要》	实施国家大数据战略，推进数据资源开放共享
2017.10	《决胜全面建成小康社会 夺取新时代中国特色社会主义伟大胜利》	加强应用基础研究，为建设科技强国、质量强国、航天强国、网络强国、交通强国、数字中国、智慧社会提供有力支撑
2017.12	中共中央政治局第二次集体学习主要内容	推动实施国家大数据战略，加快完善数字基础设施，推进数据资源整合和开放共享，保障数据安全，加快建设数字中国
2019.10	《中共中央关于坚持和完善中国特色社会主义制度推进国家治理体系和治理能力现代化若干重大问题的决定》	推进数字政府建设，加强数据有序共享，依法保护个人信息
2019.10	《国家数字经济创新发展试验区实施方案》	在河北省（雄安新区）、浙江省、福建省、广东省、重庆市、四川省等省市启动国家数字经济创新发展试验区创建工作。通过3年左右探索，数字产业化和产业数字化取得显著成效
2020.04	《关于构建更加完善的要素市场化配置体制机制的意见》	明确将数据作为一种新型生产要素写入政策文件。提出加快培育数据要素市场，推进政府数据开放共享，提升社会数据资源价值，加强数据资源整合和安全保护
2020.04	《关于推进"上云用数赋智"行动，培育新经济发展实施方案》	大力培育数字经济新业态，深入推进企业数字化转型，打造数据供应链，以数据流引领物资流、人才流、技术流、资金流，形成产业链上下游和跨行业融合的数字化生态体系

续表

时间	重要政策	数字经济相关主要内容
2020.07	《关于支持新业态新模式健康发展激活消费市场带动扩大就业的意见》	积极探索线上服务新模式，激活消费新市场；加快推进产业数字化转型，壮大实体经济新动能；鼓励发展新个体经济，开辟消费和就业新空间；培育发展共享经济新业态，创造生产要素供给新方式
2020.11	《中共中央关于制定国民经济和社会发展第十四个五年规划和二〇三五年远景目标的建议》	加快数字中国建设，就是要适应我国发展新的历史方位，全面贯彻新发展理念，以信息化培育新动能，用新动能推动新发展，以新发展创造新辉煌。加快数字化发展，对"十四五"时期经济社会发展具有十分重大的意义。

但是，随着 2018 年前后，我国手机出货量（见图 1-5）和运营商新增手机用户数（见图 1-6）达到峰值，我国又一次面临行业的转折临界期。数字化发展到成熟期，也意味着需要进入一种新的数字经济业态，能否形成下一个新增长点的关键就是，要通过数智化转型，以网络为基础、信息技术和数据要素为驱动的新增长模式。

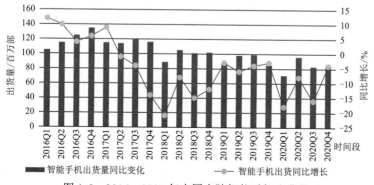

图 1-5　2016—2020 年中国大陆智能手机出货量

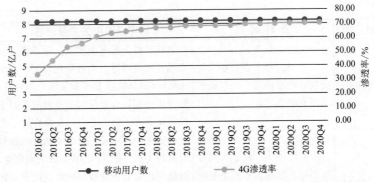

图 1-6 2016—2020 年中国移动用户数与 4G 渗透率已经接近瓶颈

从以上研究可得知，截至 2020 年，我国甚至全球数字经济都进入了重大战略机遇期，应继续加快数字经济的发展步伐，推进实体经济数字化转型，强化数字经济治理能力，深化数字经济开放合作。

1.1.4 数智化开启数字经济新定义

"数字经济"并不是今天才有的概念。早在 20 世纪 90 年代中期，入选全球最具影响力 50 位思想家的美国经济学家唐·塔普斯科特出版了一本名为《数字经济》的著作。20 世纪 90 年代是数字技术发展的高潮，随着曼纽尔·卡斯特的《信息时代三部曲：经济、社会与文化》、尼葛洛庞帝的《数字化生存》等著作的出版和畅销，数字经济理念在全世界流行开来。

2016 年在中国举行的二十国集团领导人杭州峰会发布的《二十国集团数字经济发展与合作倡议》对数字经济的定义是：以使用数字化的知识和信息作为关键生产要素、以现代信息网络作为重要载体、以信息通信技术的有效使用作为效率提升和经济结构优化的重要推动力的一系列经济活动。

数字化战略其实就是把我们行业的关键成功要素可视化、可量化、可优化，数字化一定要能够带来以下三种效果。

一是它能够带来降本增效，为社会减少资源浪费。

二是它能够带来规模化，与传统经济相比，数字化的规模应该是按倍数，甚至是指数级的增长，这种规模化给我们丰富的想象力。

三是能够做到行业颠覆级的价值的创新。实体经济，用户需要到店进行消费，但是经过数字化后，用户可以通过数字化的手段在线上获得服务。从而影响甚至颠覆实体经济，这种就是行业级颠覆式的价值创新。

但是，与传统经济一样，数字经济发展到某个阶段的时候，同样会遇到触顶拐点，如同上节所展示的移动互联网经济红利随着新增智能手机和新增移动用户数的拐点到来，便需要一种新的增长模式，从而开启新的第二增长曲线，如图1-7所示。

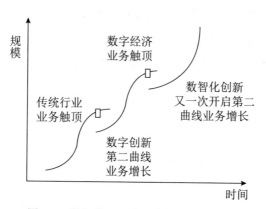

图1-7　数智化又一次开启第二增长曲线

（模型引自：查尔斯·汉迪《第二曲线》）

数智化最初的定义是数字智能化与智能数字化的合成，这个定义有以下三层含义。

一是"数字智能化"，即在大数据中加入人的智慧，使数据增值、增进，提高大数据的效用。

二是"智能数字化"，即运用数字技术，把人的智慧管理起来，相当于从"人工"到"智能"的提升。

三是把这两个过程结合起来，构成人机的深度对话和互相的深度学习。即以智慧为纽带，人在机器中，机器在人中，形成人机一体的新生态。

数智化本质就是通过"数字化"实现"智能化"，数智化过程应该分为两个阶段：

第一个阶段是数字化阶段，即对系统数字化，借助大数据、云计算、人工智能等技术，使其具有实现状态感知、实时分析、科学决策、精准执行的能力。

第二个阶段是智能化阶段，即借助数字化模拟再现人类智能，让智能数字化，进而应用于系统决策与运筹。更多情况是数智融合，推动系统智慧生成。

如同数字化经济开启了实体经济的第二增长曲线，在未来10～20年，以5G、大数据、人工智能为驱动的数智化经济将开启数字经济的第二增长曲线。

1.1.5 数智化比元宇宙更具备确定性

从2021年开始，由于扎克伯格等互联网巨头的加持，元宇宙概念火爆起来。元宇宙概念的诞生，实际上和数智化一样，都是互联网经济发展到某个瓶颈的阶段性产物，如图1-8所示。

数智化：数智化实际上是互联网经济往广度发展的一个方向，互联网发展到某个阶段只能解决人与人之间的联系问题，而数智化要解决的是人与物、物与物之间联系，从而指导生产与生活的方式。

元宇宙：元宇宙所打造的是一个平行于现实世界运行的人造空间，是互联网往深度发展的下一个阶段，是由 AR、VR、3D 等技术支持的虚拟现实的网络世界。元宇宙无法完全脱离现实世界，它平行于现实世界，与之互通，但又独立于现实世界，人们可以在其中进行真实的社交和工作。

虽然看起来数智化与元宇宙起点和路径都相差不大，但数智化的目标是为了提升生产力；而元宇宙的目标是让用户更加沉浸到互联网网络中，从中形成"上瘾"现象。因此，从总体上说，数智化的目标比元宇宙更有效且技术更成熟，是一条更具备确定性的转型之路。

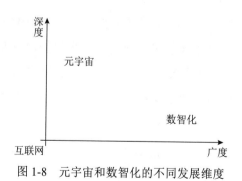

图 1-8　元宇宙和数智化的不同发展维度

1.2 乡村振兴战略下的数字乡村与数字农业

全面推进乡村振兴战略，是以习近平同志为核心的党中央站在"两个一百年"奋斗目标的历史交汇点上做出的重大战略决策，是实现"共同富裕"社会主义本质要求的重要举措，是实现社会主义现代化的重要目标。党中央明确，打赢脱贫攻坚战、全面建成小康社会后，要进一步巩固拓展脱贫攻坚成果，接续推动脱贫地区发展和乡村全面振兴。

以习近平新时代中国特色社会主义思想为指导，深入落实国家乡村振兴战略部署要求，扎实履行中央企业政治责任、经济责任、社会责任，积极发挥网络强国、数字中国、智慧社会主力军作用，助力帮扶地区巩固拓展脱贫成果，为数字乡村现代化注智赋能，是全国共同的奋斗目标。

如图 1-9 所示，乡村振兴是中央一号文件的国家战略要求，因此乡村振兴应该包含数字乡村。数字乡村的建设实际上是支撑我国乡村振兴的技术基础，而数字农业是数字乡村中重要的产业核心内容，只有通过数字农业对农村产业的振兴，才能真正完成数字乡村的建设，最终实现乡村振兴。

图 1-9　乡村振兴具有最广泛的内涵，包含数字乡村、数字农业政策的所有内容

1.2.1 "十四五"乡村振兴开局之年

2021年3月,中华人民共和国第十三届全国人民代表大会第四次会议通过的《中华人民共和国国民经济和社会发展第十四个五年规划和2035年远景目标纲要》,提出坚持农业农村优先发展,全面推进乡村振兴。文件要求生态文明建设实现新进步、加快数字化发展建设数字乡村、实施乡村建设行动、建设现代农业产业园和农业示范区等,2035年基本实现农业农村现代化。

图1-10 乡村振兴战略和数字化具体要求

2021年是我国"十四五"发展规划的开局之年。2021年2月25日,国家乡村振兴局正式挂牌,它既是我国脱贫攻坚战取得全面胜利的一个标志,也是全面实施乡村振兴,奔向新生活、新奋斗的起点。乡村振兴五大目标具体是产业振兴、人才振兴、文化振兴、生态振兴、组织振兴,如图1-10所示。

产业振兴:乡村振兴,产业兴旺是重点。产业是发展的根基,产业兴旺,农民收入才能稳定增长。产业振兴是实现乡村振兴的首要与关键,只有做好乡村的产业发展才能真正实现乡村振兴战略的科学、持续、健康发展。要整体谋划农业产业体系,以农业供给侧结构性改革为主线,着眼推进产业链、价值链建设,推动第一、第二、第三产业融合发展,实现一产强、二产优、三产活,推动农业生产全环节升级,加快形成从田间到餐桌的现代农业全产业链格局,形成第一、第二、第三产业融合发展的现代农业产业体系。

人才振兴：乡村振兴，人才是基石。农村经济社会发展，说到底，关键在人。农民是乡村振兴的主力军，要就地培养更多爱农业、懂技术、善经营的新型职业农民。要通过富裕农民、提高农民、扶持农民，让农业经营有效益，让农业成为有奔头的产业，让农民成为体面的职业。要营造良好的创业环境，制定人才、财税等优惠政策，为人才搭建干事创业的平台，吸引各类人才返乡创业，激活农村的创新活力。把人力资本开发放在首要位置，在乡村形成人才、土地、资金、产业汇聚的良性循环。现代农业，呼唤着乡村人才振兴。

文化振兴：乡村振兴，既要塑形，也要铸魂。没有乡村文化的高度自信，没有乡村文化的繁荣发展，就难以实现乡村振兴的伟大使命。实施乡村振兴战略，要物质文明和精神文明一起抓，既要发展产业、壮大经济，也要激活文化，提振精神，繁荣兴盛农村文化。要把乡村文化振兴贯穿于乡村振兴的各领域、全过程，为乡村振兴提供持续的精神动力。加强农村思想道德建设和公共文化建设，培育文明乡风、良好家风、淳朴民风。

生态振兴：乡村振兴，生态宜居是关键。良好生态环境是农村最大优势和宝贵财富。要坚持人与自然和谐共生，走乡村绿色发展之路。要牢固树立和践行绿水青山就是金山银山的理念，落实节约优先、保护优先、自然恢复为主的方针，统筹山水林田湖草系统治理，严守生态保护红线，以绿色发展引领乡村振兴。生态宜居是实施乡村振兴战略的重大任务。

组织振兴：党的力量来自组织，组织能使力量倍增。基层党组织，是实施乡村振兴战略的"主心骨"。农村基层党组织强不强，基层党组织书记行不行，直接关系乡村振兴战略的实施效果好不好。群雁要靠头雁领,一个村只有建立起一个好的党支部,才可以带动村民一起致富。制定科学乡村治理模式,以促进乡村振兴协调发展。

2021年4月29日,十三届全国人大常委会第二十八次会议表决通过《中华人民共和国乡村振兴促进法》,将乡村振兴写入法律。乡村振兴已经上升到国家战略高度,从产业振兴、文化振兴、人才振兴、生态振兴、组织振兴五个方面,推动农业全面升级、农村全面进步、农民全面发展。

1.2.2 数字乡村的前世今生

1982年至今,国家连续18年以"三农"(农业、农村、农民)为主题发布中央一号文件,强调了"三农"问题在中国社会主义现代化时期的"重中之重"的地位。2012年至2021年,国家连续10年在中央一号文件中强调加强农业科技创新,推出一系列政策文件推动数字农业发展,并在2021年文件中强调:在向第二个百年奋斗目标迈进的历史关口,巩固和拓展脱贫攻坚成果,全面推进乡村振兴,充分发挥乡村振兴的压舱石作用,这是"三农"工作重心的历史性转移。

图1-11 2012年后中央一号文件连续10年强调加强农村改革和农业科技创新

根据中央一号文件的不同阶段主要内容，总体上，我们可以将2012年之后的中央文件中促进数字乡村发展举措分为三个阶段。

加快农业现代化，深化农村改革（2012—2017年）：从2012年2月发布的《中共中央国务院关于加快推进农业科技创新持续增强农产品供给保障能力的若干意见》，到2017年2月，《中共中央国务院关于深入推进农业供给侧结构性改革加快培育农业农村发展新动能的若干意见》发布，突出强调部署农业科技创新，把推进农业科技创新作为"三农"工作的重点。依靠科技创新驱动，引领支撑现代农业建设，改善设施装备条件，不断夯实农业发展物质基础，加快科技研发，实施智慧农业工程，推进农业物联网和农业装备智能化，发展智慧气象，提高气象灾害监测预警水平。

农业农村发展优先，全面实现农村小康社会（2018—2020年）：从2018年1月2日，《中共中央国务院关于实施乡村振兴战略的意见》发布，到2020年2月5日《中共中央国务院关于抓好"三农"领域重点工作确保如期实现全面小康的意见》，强调2020年是全面建成小康社会目标实现之年，全面小康"三农"领域的突出短板必须补上，确保如期实现全面小康。依托现有资源建设农业农村大数据中心，加快物联网、大数据、区块链、人工智能、第五代移动通信网络、智慧气象等现代信息技术在农业领域的应用。

全面推进乡村振兴战略，加快数字乡村建设（2021—2025年）：2021年2月21日，中共中央、国务院印发《中共中央国务院关于全面推进乡村振兴加快农业农村现代化的意见》，这是21世纪以来第18个指导"三农"工作的中央一号文件。文件指出，民族要复兴，乡村必振兴。要坚持把解决好"三农"问题作为全党工作重中之重，把全面推进乡村振兴作为实现中华民族伟大复兴的一项重大任务，举全党全社会之力加快农业农村现代化，让广大农民过上更加美好的生活。到 2025 年，农业农村现代化取得重要进展，粮食和重要农产品供应保障更加有力，现代乡村产业体系基本形成，乡村建设行动取得明显成效。加快建设农业农村遥感卫星等天基设施。发展数字农业，建立农业农村大数据体系，推动新一代信息技术与农业生产经营深度融合。

为全面推进乡村振兴战略，加快数字乡村的建设，2021 年 9 月，农业农村部等七部委联合印发了《数字乡村建设指南 1.0》，指导各省市根据自身实际情况与特点，建设各地的数字乡村，按目标实现乡村振兴战略。

1.2.3　从农业 1.0 到农业 4.0

2020 年 1 月，为配套数字乡村建设规划目标，促进农业产业发展，农业农村部、中共中央网络安全和信息化委员会办公室（以下简称"中央网信办"）印发《数字农业农村发展规划（2019—2025 年）》。该发展规划提出，到 2025 年，数字农业农村建设取得重要进展，农业数字经济占比要从 2018 年的 7.3% 提升至 2025 年的 15%，农产品网络零售额占比要从 2018 年的 9.8% 提升至 2025 年的 15%，农村互联网普及率要从 2018 年的 38.4% 提升至 2025 年的 70%，通过数字技术的普及有力支撑数字乡村战略实施，2035 年全面实现农业现代化。

数字乡村市场空间巨大，我国"三农"问题包含农业、农村、农民，我们先从世界农业发展历史来看，世界农业经历了 1.0 到 4.0

四个阶段（如表1-3所示）。

农业1.0（传统农业）：大致在18世纪之前，在工业革命还没开始之前，传统的农业以人力和畜力为主要生产力，农民过着"刀耕火种""面朝黄土背朝天"的传统农业生活，其生产工具和生产方式在大概3000～5000年内并没有太大改变。

农业2.0（机械化农业）：随着工业革命的开始，蒸汽机的发明带来了机器替代劳动力的时代，在农业领域同样出现了适于部分小型农场使用的机械化农业装备，从而大大地提高了农业生产率，减少了农业劳动力人口数量。

农业3.0（重型化农业）：随着第二次科技革命的到来，石油和电力能源为机械化装备更大型、续航能力更持久提供了能源基础，电气化机器让农业生产装备走向重型化，且更适合大农场农业经济。重型化农业最具有代表性的模式为美洲大农场经济，但是该模式并不适合东亚以小农经济为主的农业模式，因此在整个东亚，农业3.0模式并没有得到很好发展。

农业4.1（数字化农业）：随着第三次科技革命的到来和信息革命的发展，数字信息技术与农业机械、装备和设施深度融合成为可能，出现了一批专业的农业企业。它们通过高投资实现农业数字化和自动化生产。

农业4.2（数智化农业）：由于农业的发展一般滞后于工业等其他行业的发展，因此在第四次科技革命到来前，我们判断农业4.0时代将处于数字化和数智化两个科技革命时代的重叠和交替发展之中。通过农业数字化采集到数据中台后，5G、区块链、人工智能等数智化技术将在未来5～10年实现农业的无人化，形成农业的数字大脑直接指导生产、运输、销售。

表 1-3 世界农业发展的四个阶段

	农业 1.0	农业 2.0	农业 3.0	农业 4.0
	传统农业	机械化农业	重型化农业	数字化农业	数智化农业
阶段时间	18 世纪之前	18 世纪至 19 世纪中叶	19 世纪下半叶至 20 世纪末	20 世纪末至 21 世纪初	21 世纪初到中期
对应科技革命阶段	农业时代	第一次科技革命	第二次科技革命	第三次科技革命	第四次科技革命
主要技术	以人力与畜力为主	小型农场+小规模机械化	大型农场+重型装备	专业农企+自动化、数字化装备	全产业链+数据驱动
发展特征	生产工具仍然是初级工具	农业装备开始在农业广泛应用	重型农机装备，农业流水线生产	信息技术与农业机械、装备和设施深度融合，实现农业数字化和自动化生产	劳动工具智能化，无人系统成为农业生产的主要特征

农业1.0：人力播种

农业2.0：小型机械化耕作

农业3.0：大农场重型机械化

农业4.1：自动化滴管系统

农业4.2：大数据+无人化生产

图 1-12 农业 1.0 到农业 4.2 大数据+无人生产模式图

1.2.4 数智乡村振兴市场空间巨大

我国农业农村整体发展在数智化农业时代将有以下三个趋势。

数智化农业装备：推进数智化农机发展是解决目前种植效率低的一个重要途径。随着5G的发展，未来5G在以下几个方面影响农业发展：种植技术智能化、农业管理智能化、种植过程公开化、信息管理职能化、助推特色农产品。

数智化农业三产产业链融合：农业产业链融合能够解决规模化生产、产销对接和物流问题。某些互联网龙头企业已布局农业全产业链，未来三产融合将是农业发展的趋势。

数智化乡村治理：在数智化乡村治理场景下，村镇政府集体政务可以线上化、公开化，个体、群体或组织都可通过互联网社交获取信息资源、表达利益，为其采取行动、带来改变提供可能。可以说，数字乡村建设是推进乡村治理现代化的新的助推器和导航仪。

根据《中国数字经济发展与就业白皮书（2020年）》（以下称《白皮书》）报告所述，如图1-13所示，2020年，我国农业数字经济仅占农业增加值为7.30%，远低于工业18.3%、服务业35.9%的水平，与英国（25.1%）、德国（21.3%）、韩国（14.7%）等发达国家相比，差距较大。

《白皮书》预估，2020年，中国数字农业的潜在市场规模有望由2015年的138亿美元增长至262亿美元，并且到2025年，中国的数字农业市场规模有望增长到421.4亿美元，CAGR（Compound Annual Growth Rate，年化复合增长率）预计维持在10%左右，是一个稳定两位数增长的蓝海行业。

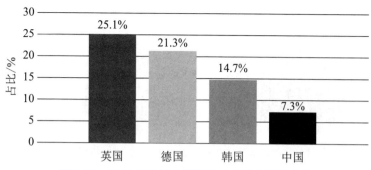

图 1-13　2020 年世界主要国家农业数字经济占比

图 1-14　中国数字农业市场规模预估（2020—2025 年）

2020 年，我们通过项目抽样搜集调研的方式，统计了数字乡村的相关项目需求超过 200 个，如图 1-15 所示，从中我们做了数字乡村需求基本分类，目前农村政府主体和企业对数字乡村的需求主要集中在数字农业领域，其占比超过 80%；在农、林、牧、渔四大数字农业需求中，农业（种植业）的需求占比超过 57%。

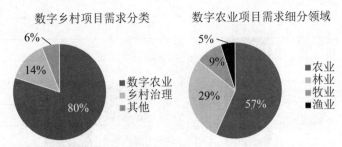

图 1-15　2020 年数字乡村项目需求分类（抽样调研采样）

从以上分析可以看出，数字乡村未来在我国的市场空间巨大，加上国家数智化转型战略带来的二次增长技术曲线，我们估算未来我国数字乡村建设将迎来一次革命性的飞跃，并最终能找到一条支撑乡村振兴的数智化转型道路。

1.3　5G 助力数字乡村走向数智化时代

2019 年 6 月 6 日，工业和信息化部向中国电信、中国移动、中国联通、中国广电发放 5G 商用牌照，中国正式进入 5G 商用阶段。2019 年也被业界称为"5G 商用元年"，中国也成为继韩国、美国、瑞士、英国后，第五个正式商用 5G 的国家。有了牌照，运营商可以进行前期的基站建设、网络优化等工作，加速我国 5G 的组网速度。

回顾历史，我国的移动通信建设在经历了 1G 的空白、2G 的落后、3G 的追赶、4G 的同步四个阶段后，首次在 5G 时代暂时领先了世界半个身位。5G 主要是服务于"万物互联"，突破了从过去 1G ～ 4G 解决"人与人"之间通信的狭隘需求。对于我国

5G 时代，能否将领先世界的半个身位转换为全面领先，核心在于要在我国探讨出一套用 5G 与各行业融合的发展方案。

如今，5G 基础设施网络建设已经上升到了国家层面竞争，根据我国三大运营商的规划，到 2023 年之前，将要实现乡镇以上连续覆盖，实现 90% 行政村覆盖。同时，中国广电的 700M 频段未来在我国农村 5G 覆盖也必将发挥重要的作用。我国如此超前的 5G 村镇覆盖规划，可以让我国数字乡村率先走入数智化时代，这意味着我国可以在数智化新兴技术竞争领域获得一次领先机会。

1.3.1 什么是 5G？

5G 是全社会的通用技术，不仅是运营商和通信设备商的事情，未来 5G 将如同电力、石油、煤炭一样，会成为社会各行业的一种基础设施，政府、各行业、企业都会参与到将 5G 与其他行业融合的协议制定、产业联盟、国家发展指导意见的演进规划中来，并切实地推进 5G 产业的应用试点工作。

5G 中的所谓 G，是 Generation 的缩写，5G 是第五代移动通信的简称。根据北京邮电大学吕廷杰教授的观点，移动通信技术的奇数代，一代、三代和五代都是颠覆性的，而偶数代是对奇数代进行优化和完善。比如，1G 时代大哥大可以用作无线电话，实质是用模拟信号来实现无线的语音通信；后来 2G 就是对 1G 语音通信的优化和完善，有了数字编码的 2G 技术和更加小巧、灵活、智能的手机；3G 时代解决了用手机上网的问题，创造了一个全新的应用场景；4G 就是对 3G 手机上网的问题进行优化和完善，4G 通过新技术让手机上网更快、更稳定。

5G 是由国际电信联盟组织（ITU）制订的第五代移动通信标

准，正式名字 IMT-2020。"高速率、低时延、大连接"的 5G 网络与 AI、云计算、物联网等技术相结合，产生或优化大量产品和服务，驱动各行业建立全新的生态体系。5G 要解决的是"万物互联"的问题，要通过 5G 技术实现无人驾驶、远程医疗、数字农业等新的行业应用场景。当然，等到 5G 和各种应用场景的结合变得成熟后，6G 将会对 5G 进行优化和完善，让"万物互联"变得更加便捷和高效。

1.3.2 打造"连接＋算力＋能力"的 5G 乡村振兴新基础

2018 年 12 月，中央经济工作会议首次提出了"新基建"概念。所谓"新基建"，就是"新型基础设施建设"的简称，2020 年 4 月，国家发展和改革委员会将"新基建"定义为智慧经济时代贯彻新发展理念，吸收新科技革命成果，实现国家生态化、数字化、智能化、高速化、新旧动能转换与经济结构对称态，建立现代化经济体系的国家基本建设与基础设施建设。"新基建"涉及七大领域：特高压、新能源汽车充电桩、5G 基建建设、大数据中心、人工智能、工业互联网、城际高铁和城际轨道交通。

所谓的"新基建"，其实是相对于"老基建"而言的，与传统的"铁公鸡"（铁路、公路、机场）老基建不同，新基建实际上是建设为融合新的产业互联网而准备的基础设施，未来的十年，新基建将会推动中国数字经济持续成为新的发展动能。

2020 年 3 月 6 日，工业和信息化部召开加快 5G 发展专题会，会议主题为加快网络建设、深化融合应用、壮大产业生态。根据工信部会议精神，加快 5G 发展、深化 5G 与产业融合已成为新基建核心内涵。会议中，特别提到了 5G 与农业要探索新的示范性应用。在新基建的新环境下，要以工业化生产的眼光来看待农业发展，将农产品像工业产品一样组织生产方式进行生产。利用大数据、云计算、AI 技术解决农业低、小、散的难题，成为农业转型升级的一个重要契机。

根据 5G 的规划和未来 6G 的演进目标，我国应建成一个"空天地"一体的信息采集网络。数智化时代的新技术如人工智能、区块链、虚拟现实、数字孪生、云计算等，都将会叠加在以 5G 为主导的"空天地"一体信息网上，形成智能化的生产力，再衍生出各种新的数智化应用。

1.3.3　5G 将彻底升级数字乡村的数智化概念

未来我国的数字乡村将会变得如何？我们一起来试着回答以下三个问题：

你生活的农村，无论是生产的农产品还是生活工作，是否具备连接能力、计算能力、智能能力，并且可以将农村生产生活全程产业链的用户数据导入到该数据网中，形成更大的网络？

你的农产品，是否能够追溯到它的运输、销售环节，直到面向用户餐桌，依然能全程溯源？

你的农产品，是否可以根据不同的用户需求订制化，或者根据用户画像，进行差异化的销售？

未来以 5G 为基础载体的"空天地"一体化信息网通过新基建建设完成后，我国农村将全面实现数字化。通过 5G 承载的人工智能、区块链等技术，数字乡村将全面向数智化时代发展。因此，我们的数字乡村生产和生活，将面临如下几个趋势性的变化。

乡村数据即资源： 中国共产主义运动的先驱李大钊于1925年12月30日创作的《土地与农民》，论述了农民在中国的重要地位和解决农民土地问题的重大意义。传统农业中，土地是农民最核心的资源，但是到了5G数智化时代，农村的生活、服务，基层政府的政务，农产品的生产、运输、销售都会成为数据的生产者，同时也是数据的消费者，未来乡村的数据将会成为农民工作生活核心资源。

在传统的农业社会里，土地之所以成为最核心的资源是因为它能生产出产品，并且产品可以进行交换，同时具备生产价值和交换价值，因此成为资源型资产。而到了5G数智化时代，农民生产、生活所产生的数据，将形成数据服务产品，同时也可以进行交换，而且通过市场化交换后的数据，将能极大地提升实体农产品的生产和销售。因此，数据能在未来发挥最大的价值，成为农村核心的资源型资产。

农业平台即产业链： 传统的农业产业链分为一产、二产、三产，一产为农业生产，二产为农产品加工和物流，三产为农产品的销售。过去，由于没有数字化等手段连接农业的一产、二产、三产过程，经常造成产业链各环节脱节。比如，由于冷链仓储建设没有预料到今年荔枝丰收，导致大部分荔枝到了采摘期由于无法进入冷库只能烂在地里；由于某年某款水果奶茶成为爆款，导致市面上所有油柑供不应求，价格翻了5倍；某年某网络平台爆出某地的柑橘有染色剂问题，导致消费者信心不足，所有该地的柑橘不管质量好坏，都陷入滞销。

如果能通过5G数智化把控整个农业的产业链，形成一产、二产、三产的数字虚拟平台，所有农业生产、加工、物流、销售数据形成一个虚拟的网络。一方面这个虚拟网络可以追溯整个生产过程,保障生产安全;另外一方面,虚拟网络可以后台模拟出生产到消费者终端的整个过程,如果发现哪个环节出现问题,则可立刻建议重塑整个实体的产业链环节,从而保证消费者最终获得的农产品是安全的、令人满意的。

农产品生产即消费:传统农业生产面临的最大问题就是小农经济无序化生产带来的农产品周期问题,"蒜你狠""姜你军"等现象的出现其原因是农民在农产品当年价格好时一窝蜂地种植生产,到了第二年通常会出现农产品滞销现象。

利用 5G 新基建实现数智化农业生产之后,农产品周期带来的"丰收伤农"现象将不会存在。一方面卫星遥感、人工智能等技术可以精准地测算出当年某种农产品的全国产值总量,从而指导农民的生产、收购和销售,避免出现"一窝蜂"现象;另一方面,未来所有农产品都应该具备计算、连接、智能的能力,从消费者购买到农产品的那一刻,该农产品的种植、采摘、运输全链条数据都可以得到追溯,甚至农场可以根据消费者的数据画像,将农产品进行订制化生产,再销售到最喜欢它的消费者手中。5G 实现的智能化农产品建立了生产者和消费者的实时连接,实现了整个从生产到消费的闭环管理。在这种情况下,农产品的生产和消费是同时进行的,农产品可以根据消费者的喜好进行生产调整,这都得益于数智化带来的改变。

第 2 章

构建数智乡村振兴指标评估体系

2021年是承上启下的关键一年，是"十四五"的开局之年，是全面乡村振兴工作开启之年。乡村振兴五大目标具体是产业振兴、人才振兴、文化振兴、生态振兴、组织振兴。振兴的途径是以镇为重点扶持对象，以驻镇帮镇扶村的方式开展乡村振兴的相关工作。

预计未来5～10年摆在乡村振兴管理及工作人员面前的困难，是如何通过数据指标来评估全国各乡镇的五大振兴现实情况？全面提升我国的乡村振兴工作的有效手段是什么？帮镇扶村工作实施之后，资金、项目如何管理，成果如何评价？

要解决以上问题，需要通过5G等技术来构建适用于从国家到各省、市、县、镇的乡村振兴数智化指标评估体系并投入应用；搭建数智乡村振兴综合服务平台，全面提升我国乡村振兴的数智化水平。

2.1 乡村振兴的"无数之困"

要全面实现我国的乡村振兴，首先就要对我国的乡村振兴现状进行评估，但是对于乡村振兴目前的现状来说，存在以下三个数据缺失问题。

缺少一套能反映乡镇发展现状的乡村振兴基础数据库：目前全国各乡镇的产业、人才、文化、生态、组织各方面数据分落在相应的行业部门业务系统，数据分散、标准不一、缺乏权威，甚至相互冲突，无法全面反映出乡镇发展现状，为乡村发展规划顶层设计提供决策支持。有必要根据乡村振兴的业务指标，融合各行业部门的乡村振兴数据，构建一套乡村振兴基础数据库，为乡镇发展提供全面、权威、及时的数据支撑。

缺少指导乡村振兴建设的标准指标体系和评估模型：对于全国乡村振兴工作来说，目前缺乏一套与乡村振兴业务要求匹配的指标体系，无法摸清镇村的发展现状和筛选出弱项短板；无法及时发现及预警可能返贫、致贫的人口；无法评估乡村振兴发展的有效性和绩效考核等问题，有必要围绕乡村振兴产业、人才、文化、生态、组织"五大振兴"构建套标准的指标体系，再利用大数据建模技术设计、建立系统的分析模型，为乡村振兴工作提供标准评估。评估模型包括：镇村诊断模型，实现乡镇、行政村发展现状问题的诊断；低收入人口筛选模型，精准定位返贫、致贫高风险户人群；项目有效性评估模型，及时有效了解项目存在风险等。乡村振兴指标体系需要为帮镇扶村责任主体制定帮扶计划，为统筹区域发展提供决策支撑。

缺少乡村振兴"一张图"的全方位监管调度能力：系统需要全方位展示乡村振兴的发展现状、动态管理、成果呈现的"一张图"能力，汇聚以产业、人才、文化、生态、组织"五位一体"的行业关键性指标和多样化的乡村振兴数据与多样化防贫监测预警数据，实现乡村振兴对象的动态管理与可视化实时信息监管和防贫监测对象的动态管理与可视化实时信息监管，提供乡村振兴业务数据可视化展示与报表分析服务和防贫业务数据可视化展示与报表分析服务。

2.2 构建乡村振兴评估体系

要想解决乡村振兴的"无数之困",就要建设以 5G 为基础载体的"空天地"一体化信息网构建数智化乡村振兴评估体系。围绕产业、人才、文化、生态、组织"五位一体"总体要求,在巩固拓展脱贫攻坚成果的基础上,以产业、人才、文化、生态、组织"五大振兴"为主线,以现阶段各部门建设与乡村振兴相关的信息化管理系统为基础,集成共享行业部门相关数据,构建乡村振兴基础数据库,运用大数据分析,诊断出镇村弱项短板和发展方向,为各级政府和部门实施强镇兴村决策提供数据依据。5G信息网将全面支撑和服务巩固拓展脱贫攻坚成果同乡村振兴有效衔接各项工作,在产业支撑、资金投向、土地利用、乡风文明、生态宜居、乡村治理、防贫监测等方面,提供数智化全程服务。

数智乡村振兴体系需要重构目前农村的生产关系与生产力,通过数智化手段建立新时代的现代乡村社会治理体系与现代乡村经济产业体系,如图 2-1 所示。

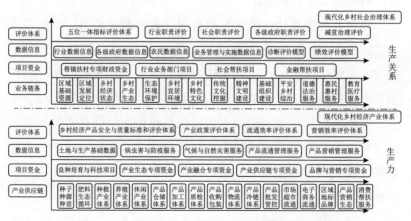

图 2-1 构建新时代农村数智化生产关系与生产力

新时代农村生产关系：新时代农村的生产关系，需要通过数据采集形成**现代化乡村社会治理体系**，以"五位一体"（即产业、人才、文化、生态、组织）的指标评估每个乡镇的治理成果，并有针对性地通过驻镇帮扶等资金对乡镇治理短板进行帮扶，并对资金项目进行后评估。治理体系的数据来自行业数据、政府数据，以及 5G、物联网等实时采集数据，所形成的数据将直接指导农村的生态环境、文化挖掘、乡村综合治理等业务链条，最终形成新时代的农村数智化生产关系。

新时代农村生产力：新时代农村的生产力，需要通过数智化手段进行重构，5G、卫星遥感、物联网等技术将可以采集农村产业的土地与生产基础数据、病虫害与防疫服务数据、气象与自然灾害数据等，形成**现代乡村经济产业体系**，汇聚的农村生产力数据将通过体系进行评价和质量管理，并对农村一、二、三产业进行评估。针对产业的短板将通过帮镇扶村等资金进行帮扶，并对资金项目进行后评估。体系形成的数据将指导农村产业的一、二、三产业及供应链，形成种植、种业、加工、肥料、冷链、营销的数智化体系，协助农村产业向现代化供应链、专业化、服务化等方向发展，切实提升农村数智化生产力。

2.3 搭建乡村振兴综合服务平台

数智化的乡村振兴评估体系，要整合在以 5G 等技术为主搭建的乡村振兴综合服务平台之上，平台需实现乡村振兴的相关数据采集、乡镇现状诊断画像，通过一套科学的模型对乡镇的五大振兴现状进行评估，然后根据现状进行资金项目帮扶及后评估。

只有通过统一规划乡村振兴综合服务平台，全国一盘棋，才能真正实现我国乡村振兴的数智化体系。

根据乡村振兴综合服务平台所建立的体系，国家从上到下需要定义出五级的结构和功能（如图 2-2 所示），从而形成我国整体的乡村振兴全国性平台体系。

国家级平台：国家级平台核心是建立一个汇聚全国各省、自治区、直辖市的乡村振兴数据，并通过汇聚产业数据形成农业产业大数据平台。

省级平台：乡村振兴综合服务平台的重要功能应该在省一级，通过省统一平台建立乡村振兴成果评估体系，对全省各乡镇的乡村振兴成果进行评估和管理，并通过管理资金项目提升各乡镇的短板。另外，平台重点还要汇聚全省的农村产业形成省统一的农业产业大数据平台。

市级平台：在这个平台体系中，市级平台将各县乡镇的乡村振兴数据进行汇聚，按省平台的数据规范进行上传，并对帮镇扶村的政府、企业资金进行审批。另外，市级平台一个重要工作是要建立市级农业产业大数据平台，并将数据汇聚到各省和国家平台。

县级平台：这一级平台承担着整个平台体系内最多的功能，需要运用 5G、物联网、卫星遥感等新技术，采集县域内的产业数据、乡村治理数据，并管理乡村振兴帮扶资金等，根据省平台的需求，将采集的数据按标准上传。

镇域服务：根据整体的体系规划，到了镇一级，不需要建设镇级平台，可根据镇的工作需求，通过云 SaaS（Software as a Service，软件即服务）服务等方式，为镇域提供产业、人才、文化、生态、组织等基础云服务，满足镇域政府及基层的工作需求。

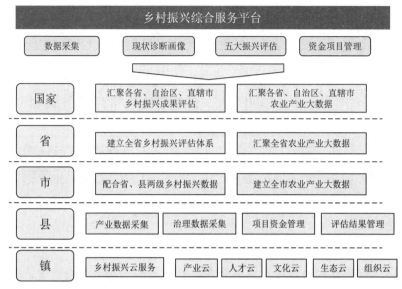

图 2-2 全国乡村振兴服务平台体系

2.4 整合乡村振兴数智化五大振兴应用

我国未来要真正实现数智乡村振兴的目标，应该建成一个以 5G 为主导的"空天地"一体的信息采集网络，并在这张网上叠加数智化时代的新技术，如人工智能、区块链、虚拟现实、数字孪生、云计算等，全面将产业、人才、文化、生态、组织振兴的数智化应用内容，整合成我国的乡村振兴数智化平台，实现全国的五大振兴成果评估、现状画像、资金管理等乡村振兴综合服务，如图 2-3 所示。

图 2-3　数智乡村振兴建设体系

数智乡村振兴体系将融合在乡村振兴综合服务平台之下，以乡村振兴现状画像、五大振兴评估等为基础，打造数智化五大振兴应用。

数智产业振兴：产业振兴是乡村振兴的重中之重，是乡村振兴的物质基础。运用数智化手段，打造一、二、三产业融合的解决方案，包含精准种植、畜牧、渔业、林业、加工、采摘、冷链、金融、品牌营销等一系列新的数智化产业振兴方案。

数智人才振兴：人才振兴是乡村振兴的基石，农村面临着人才流出的问题，需要数智化手段，实现远程教育、智慧校园改造，培养农村的人才。同时，通过建立数智化人才库、农技知识馆等手段，实现人才下乡的技术保障；

数智文化振兴：文化振兴是乡村振兴的灵魂，农村有大量文化资源可以挖掘，可以通过数智化手段，把农村的文化资源进行数智化展示。同时可以通过数智化手段对乡村文化、乡村文明进行管理，实现乡风文明的飞跃式提升。

数智生态振兴：生态振兴是乡村振兴的宝贵财富，生态振兴的核心是要结合国家"双碳"战略，运用数智化手段，在农村做好碳源减排工作。同时，通过林业的数智化改造，实现碳汇的保护及可交易，为未来碳交易做好数智化准备工作。另外，还要大力通过数智化改造生态农业和碳循环农业。

数智组织振兴：组织振兴是乡村振兴的"主心骨"，要运用数智化手段，充分发挥党建引领的优势，促进农村阳光村务，盘点农村资产，为下一步农村现代化股份合作制改革提供数据基础。

第 3 章

数智新技术建设数字乡村

我国是人口众多、耕地资源相对缺乏的国家。从耕地面积占国土面积的比重看，仅为13%，远低于发达国家30%左右的耕地比例；人均耕地面积更是只有世界平均人均面积的30%左右，与发达国家的差距更大。鉴于我国人多地少的农业资源特点，未来我国的数智化农业转型必将是以物联网、大数据、人工智能等技术为支撑的一种高集约、高精准、高效率、高环保的农业新形态。同时由于我国的农村逐渐面临劳动人口外流、人口老龄化、留守儿童等农村问题，而农村目前是我国面源污染最为集中的区域，水污染、垃圾污染问题严重，这些问题同样需要数智化的新技术来监测、治理、解决。

本章将介绍应用于乡村振兴的下一代数智化新技术，畅想未来农业和农村的新景象。为了方便读者对新技术的理解，我们把数智化新技术分成了五种类型，分别是天空地感知（Perception）、智能装备（Instrument）、数字应用（Application）、融合网络（Network）、虚拟运算（Operation），这五种类型的英文首字母结合在一起就是"PIANO"（钢琴），接下来我们将一起来了解一下这部"数智化钢琴"，如图3-1所示。

第3章 数智新技术建设数字乡村 | 45

图 3-1 数智化五大类技术打造的钢琴（PIANO）

3.1 P：Percetion——天空地感知

数智乡村第一步需要实现的是采集农业农村的数据。本章介绍适用于农业农村的低成本、高效率采集的核心技术：物联网、卫星遥感及北斗卫星导航系统。

3.1.1 物联网，让农业有"感知"能力

"物联网"原本是对应人与人连接的"互联网"来说的万物互联的网络技术，是在互联网的基础上，利用 RFID（Radio Frequency Identification，即射频识别，俗称电子标签）、无线数据通信等技术，构造一个覆盖万事万物的"网络"。在这个网络中，物品具有识别和通讯特征，能够彼此进行"交流"，无须人的干预，

是智能化的。

物联网分为三层：即感知层、网络层和应用层。

感知层。由各种传感器和网关构成，包括温度传感器、湿度传感器、无源标签、摄像头、GPS（全球定位系统）等，相当于人的眼、耳、鼻、喉等感觉器官，用来识别物体，采集信息。

网络层。由5G、Wi-Fi、4G等无线网络，光纤等有线通信网、网络管理系统等组成，相当于人的大脑，负责传递和处理信息。

应用层。则是物联网和用户（包括人、组织和其他系统）的接口，它与行业需求结合，实现物联网的智能应用。

物联网将会是数字乡村应用最广泛的技术，数字农业、乡村治理等未来都会大量使用物联网设备进行数字化采集工作。其实，物联网早已渗透到我们农业的很多方面了（如图3-2所示），包括种植业温室智能大棚、水肥一体化自动控制等；渔业的水温、溶氧监控等；畜牧业的自动化投喂设备、猪耳标体温监控等；林业的道路卡口监控、林火监控等，农、林、牧、渔四个方面都已经广泛应用上了物联网技术和设备。

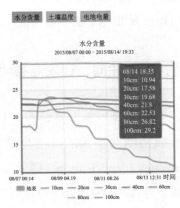

图3-2　物联网在农业的应用

物联网技术可以促进农村三产融合：物联网技术可以广泛应用在农村一、二、三产业融合领域，促进产业振兴。

一产生产端。通过物联网设备给温室大棚内的植物、鱼塘的鱼苗、养殖场的猪耳朵装上各类传感器（感知层），采集信息并输送到中央处理器分析（网络层），让农场的植物、动物最终能够"开口说话"，直接告诉你"天气冷了需要加温；日照不足要额外补光；土壤水分含量低，要灌多少水……"等需求（应用层）。工作人员只需要动动手指发出命令，温室大棚内联网的农机设备就会自己启动开工，满足植物的一切生命需求。

二产加工物流端。近年来，生鲜电商备受资本和市场青睐，不断涌现，生鲜网络零售额快速增长。冷链仓储是分配新鲜易腐食品所必需的通道，食物的安全和卫生非常重要，因此必须保证冷链的"能见度"。比如，冷链物流的车辆一旦监控到温度长期高于某个警戒值，则物联网可告知后台数据中心将停止这车冷链货物的运输并报废。实时监控就是物联网提供的可见性控制机制发挥作用的体现，通过传感器监测各种食品和商品的温度，形成可供数据分析的信息流，大大提高食品合规性、监控、物流等方面的效率。对农产品采购商来说，物联网技术让每一车、每一仓储的农产品的损耗更加可视化和更精准，可为采购商提供精细化的销售，从而提高利润率。

三产销售端。未来，无人零售店将逐步替代传统便利店。同时，由于成本降低和便利性的提升，无人零售店的铺设规模可能远超传统便利店。无人零售的一个基本技术前提就是需要将物联网标签和商品——绑定，比如已经暴露在室温下的冷冻肉类应该在上架前被撤下；有问题货源能够被实时追踪；问题商品如若售出，可以向顾客发出警告。另外，物联网可以对农产品进行数据分析，并对销售过程进行改进，实时跟踪数据将帮助公司知道他们需要销售哪些农产品以及何时销售。这些实时分析包括向企业展示现有客户对当前农产品的需求，以及在未来几个季度的预期。这些数据可以帮助他们决定广告的内容和方式，还可以显示发展趋势的方向，允许他们在现有客户的基础上引入新客户。对于销售企业而言，物联网技术可以向他们显示正在发生的销售趋势以及如何获利，物联网技术可以改善销售企业因信息不对称造成的利润损耗。

物联网技术是农村治理的"神经网络"：物联网技术可广泛应用在数字乡村治理领域，包括农村污水监测、垃圾治理、焚烧秸秆空气监测等，未来大到一头牛、小到一粒米，都将拥有自己的身份，人们可以随时随地通过网络了解它们的地理位置、生长状况等一切信息，实现所有农村资源线上化，互联互通。

目前，物联网在农业上的应用还处于起步阶段，很多新型农业企业和新农人正在积极地学习和尝试。此外，国家也出台了许多相关政策在大力推行。可以预见，物联网技术形成的"神经网络"的逐渐成熟，将促使农业向数智化、现代化转型。物联网让农业更加精确、安全、智能。随着政府对物联网行业的政策倾斜，农业物联网产业将急速催生，被应用到农业农村更广、更深的层面，成为乡村振兴新的趋势。

3.1.2 北斗+卫星遥感，让农业真正实现"知天而做"

北斗卫星导航系统（BeiDou Navigation Satellite System，简称 BDS）。是我国自行研制的全球卫星导航系统，也是继 GPS、

GLONASS之后的第三个成熟的卫星导航系统。北斗卫星导航系统可在全球范围内全天候、全天时为各类用户提供高精度、高可靠定位、导航、授时服务，并且具备短报文通信能力，已经初步具备区域导航、定位和授时能力。北斗定位系统早已被应用在农业生产中，也在一步步改变着中国传统农业，为其提供更加精准、智能的服务。将北斗导航、现代农学、信息技术、农业工程等应用于农作物生产的耕、种、管、收全流程，建立以"信息感知、定量决策、智能控制、精确投入、特色服务"为特征的现代化农业生产管理方式，实现农作物生产作业从粗放到精确、从有人到无人方式的转变。

卫星遥感（Satellite Remote Sensing），从字面上可以简单理解为通过卫星从高空遥远感知世间的万物。从技术层面来看，遥感泛指一切无接触的、远距离的探测技术，即利用空间运载工具和传感器，从远距离获取目标物体的电磁波特性。由于具有覆盖面积广、重访周期短、获取成本相对低等优势，卫星遥感技术对大面积农业生产的调查、评估、监测和管理具有独特作用。

20世纪70年代出现民用资源卫星后，农业成为遥感技术最先投入应用且受益显著的领域。卫星遥感通过光谱波段能实现对玉米、大豆、棉花、马铃薯等同期生长的大宗作物和大蒜、生姜、枸杞等经济作物的田块级精细识别。除了为农业生产的遥感数据提供支撑外，卫星遥感还能为农村资源提供高精度、定量化的服务。农业遥感应用已经实现了面向农业生产宏观决策服务的业务化运行，为农业和农村经济的发展做出了突出贡献。基于北斗和卫星遥感技术，我们可以对数字乡村做以下的技术支撑工作。

真正"知天而做"的农业生产： 农业历来是"看天吃饭"的行业，而卫星遥感科技的加入能帮助农业生产者及时且准确地感知环境的变化,更加科学合理地进行农事操作,实现"知天而作"。

在距离我们头顶数百千米到上万千米的轨道上,运行着大大小小几千颗人造卫星,通过卫星搭载的各种气象遥感器,地面数据处理中心可以得出各种气象资料,从而实现天气预报、环境监测等功能。基于气象卫星返回的数据,结合作物生长所需要的标准化数据,电脑可以对数据进行对比分析,将天气预报的术语转化为指导农业生产者从事农业活动的信息,什么时候宜灌溉,什么时候宜施肥。

高空间分辨率遥感卫星能够实现农作物的田块级精细识别,可见光、红外线、雷达、激光等对作物的扫描可以做到全天候、多波段、无死角地监测作物。在识别作物种类的同时,还能实时监测作物出苗率、种植密度、叶面发育状况等。在实时监测作物的基础上,结合作物生长标准值和气象数据,电脑系统即可做到预估地块产量。这对农业生产者应对市场变化、防控市场风险来说,有着极为重要的意义。

农村资源"一张图":农村在发展的过程中出现了很多关于土地资源管理的问题,比如违法、违规建筑问题,小产权房问题以及宅基地的使用问题,这些问题在以前很多时候只能单纯依靠人力来做大面积普查,需要花费大量的时间和精力,而且信息严重滞后。

基于卫星数据,在国土建设领域,我们可以实现小产权房、宅基地入市、违规违建等问题的排查,打通政府职能部门相互间需要的数据。遥感卫星还能够捕捉到城镇灯光、渔船灯光、火点等可见光辐射源,这些夜间无云条件下获取的地球可见光的影像即夜光遥感影像。由于夜光主要来源于人类生活及生产的灯光,因此相比其他遥感数据,夜光监测指数更能直接反映人类活动情况:一般情况下,经济发达的地区人口集中,灯光也会更加密集明亮;而经济欠发达地区由于人员外流等原因,人口较为稀疏,灯光也就更加暗淡。通过卫星遥感数据，可对农村社会经济参数、农村资源估算以及城镇化程度进行监测与评估。

为农业生产"防灾减损"：中国的土地破碎程度较高，面对分布散乱的地块，不管是作物种植种类的确定，还是种植面积的确定，都是十分复杂的。在农作物种植保险中，保险标的的确定以及验标、定损、赔付过程的复杂程度也远远超过人们的想象。传统的农业保险承保、核保及定损等工作大多通过人工采样的方式进行，但是这往往需要耗费大量的人力成本以及时间成本。

以卫星遥感与人工智能为核心的信息技术，可对作物生长全周期进行监测，并对作物生长过程中的气象灾害等进行及时预警。在自然灾害的应急处理上，包括地震灾害、水灾、火灾以及台风灾害，卫星遥感可以为客户提供即时的区域受灾数据。以空间化、可视化的方式为保险公司提供承保区域全时间维度的灾害监测，对风险面积数据进行初步统计，支持保险公司灾前做好防灾减损工作。

总之，随着北斗和卫星遥感技术的发展，数据与具体应用场景相结合、技术实现商业化落地，越来越多创业公司开始瞄准农业卫星遥感赛道。如何深耕农业细分领域、如何更好地服务于小散农户，是农业卫星遥感公司未来探索的重点。

3.2 I: Instrument——智能装备

未来农业的生产方式，应当是以自动化装备为主的智能生产方式，应该在不久的未来，年轻的"新农人"只需要坐在办公室，通过按键的方式就能轻松实现农作物的植物保护（简称"植保"）、打药、收割等工作，本章我们介绍两种新型的无人机与无人农机智能装备。

3.2.1　无人机，7×24小时的植保+巡检新技术

无人机原本可以算作无人农机的一种形态，其主要应用在植保领域，由于我国无人机领域在世界处于领先地位，其在农业的应用也开始逐步普及（如图3-3所示）。无人机主要整合了无人飞行器、遥感设备、智能传感器等技术，还可以在无人机上安装视频监控、农药喷洒等组件，实现植保以外的其他功能，能极大地提高农业工作效率。

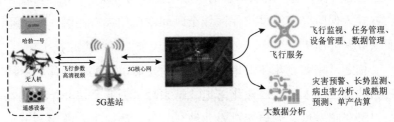

图3-3　5G+无人机技术架构图

目前通过无人机可以实现以下四个主要的应用。

植保播撒：系统主要包括药箱、水泵、软管和喷头。配好的农药装入药箱，水泵提供动力引流，再通过导管到达喷头，将农药均匀喷洒到作物表面。植保无人机可以大规模替代人力进行农药喷洒，甚至可以通过垂直对靶和枝向对靶的方式，将农药喷洒到人工也比较难施药的区域，极大地提高人工效率。同时，无人机还可以搭载智能播撒系统，将固体化肥、种子均匀喷射至准确位置。

遥感监测：除了上文提到的卫星遥感技术测量农村数字化资

产，无人机也可以搭载空中遥感平台，通过遥感传感器获取信息，用计算机对图像信息进行处理，并按照一定精度要求制作成图像。无人机能够实现自动化、智能化、专用化快速获取国土资源、自然环境、地震灾区等空间遥感信息，完成遥感数据处理、建模和应用分析。同时，无人机还可以搭载光谱设备，采集农作物光谱图像，根据专业模式对农作物长势进行分析，及时对病虫害监测给出预警和防治建议。无人机遥感是卫星遥感的一个重要补充，特别是在一些有高空遮挡物的区域场景中，无人机比卫星更加容易深入采集数据。

巡检管护：对于林业保护区、大农场等种植面积大，人烟稀少的区域，人力巡检的方式极度低效，无人机上加载摄像头，可以运用电子围栏、人脸识别、人工智能判断等技术对林区、农场进行巡护，可提供森林火情监测、林业巡护、外来人员告警等服务。

灾情评估：对于出现火灾、泥石流等灾情的区域，在救援人员不方便进入的情况下，无人机可进入灾区提供灾情巡查、实时现场视频回传等服务。在无人机上搭载的热成像等设备，还能将灾情事态图回传指挥中心，辅助救灾指挥决策工作。

总之，无人机和农业的结合，是真正的刚需，无人机在农业产业中将大展宏图，将为"三农"事业做出巨大贡献，将推动这个万亿市场的快速发展。

3.2.2　无人农机，覆盖耕种管收农业全程作业

近年来，数字化与机械化在农业领域应用步伐加快，两者深度融合，初步形成了无人化农业概念。以全过程智能化管理、精准化作业为核心，通过大数据指导生产运行，能够提高农业作业

效率，减少人力成本，形成类似于无人工厂的农业生产方式，是农业 4.0 的一个重要发展方向。

无人农机主要包含智能拖拉机（耕）、智能高速插秧机（种）、智能植保机（管）、智能收割机（收）等四种主要智能形态。要明确的一点是，世界主要农业产区，如美洲大农场的无人农机市场和欧洲、东亚乃至我国的农机市场需求都不尽相同。我国农业由于生产规模较小，农业生产受劳动力因素制约，因此在推广无人农机的方向上主要是向精细化发展，目前我国丰疆、谷神等一批厂家推出了带有高精度卫星定位导航功能和遥控功能的自动化农机产品。对于无人农机来说，5G 的大带宽可以提供远程视频传输的无损化，而 5G 的低时延特性，可以让远程操作的技工即使远在千里，也能身临其境地操控无人农机作业。

另外，由于我国无人农机的购置成本又比较高，因此除了要发展精细化无人农机，还要通过政府农机补贴政策指导，利用农机共享调度平台的方式，鼓励农户采取租赁的方式使用无人农机。

总体上看，发达国家无人化农业研发起步早，在一些领域和环节虽有推广，但应用商不够广泛。我国在这方面起步较晚，但发展速度较快。根据农业农村部官网数据，截至 2020 年，全国各类农机保有量超过 2000 万台，并且每年新增农机约 200 万台，市场广阔。目前类似我国的小农经济区域主要分布在东亚，整体上来说，东亚的日本、韩国的无人农机发展进程也不比我国有太多的领先优势。因此，发展适用于我国的无人农机技术，对我国和整个东亚农业发展都有举足轻重的意义。

3.3 A: Application——数字应用

通过数字采集后,可通过数字化的工具打造各种应用,近年来随着 4G、5G 网络的逐步普及,抖音、淘宝等各大平台已经下沉到农村,通过数字应用,极大地提升了农村的生产力,将农产品销售到更远的地方,更加的精准。

3.3.1 网络直播,消费到生产需求端到端

近年来,直播带货行业发展火爆,抖音、快手、拼多多等均已进入农村电商领域,直播带货。网络直播并不算一项新技术,但是在这里还是要对近年来网络直播的三个技术发展趋势加以介绍。

疫情下带来直播新机遇:从 2020 年开始,由于受疫情影响,农产品销售出现了困难,但是网络"直播带货"异军突起,成为最时髦的新业态,越来越多的人加入直播带货大潮,一些地方政府的领导干部也纷纷上阵,为当地优质农副产品代言。

直播催生农产品品牌化:随着直播深入农村,手机变成了新农具,直播变成了新农活,数据变成了新农资,农民逐渐从原来"看天吃饭"、无序生产,变为有针对性地根据直播数据进行销售和调整生产,预计未来直播技术将直接打通农产品消费者到生产者的端到端需求,农产品生产将逐步向品牌化发展。

4K/8K 新技术是趋势:4K/8K 直播指的是使用能接收、解码、显示相应分辨率视频信号的设备直播。4K 分辨率为 4096×2160,

8K 分辨率为 7680×4320，4K/8KL 分辨率远远高于一般所说的超高清。随着用户对直播清晰度的要求越来越高，一次"完美的直播"需要一支专业的电商直播团队进行精心运作，直播设备和组网的架构也将更加专业化。

发展"直播+农业"经济，其实是通过数智化手段赋能传统产业。5G 和有线网络的普及是开展"直播带货"的重要基础，加大农村信息化基础建设投入，逐步缩小城乡差距，将为农产品营销和农业转型升级提供强劲助力。与此同时，农产品生产者也要强化品牌意识，充分与直播电商平台合作，加快农业产业化、标准化发展步伐，推进农业特色产业转型。

3.3.2 农业上云，农业版的"工业上云"

"上云"模式和技术最早出现在第二产业领域，是国家倡导的一种工业提效技术，"工业上云"指的是借助互联网科技和云计算技术，将企业工业设备彼此联通、数据共享，旨在帮助企业提升设备运行效率，方便其管理调配。同时，为企业设备管理甚至是运营决策方面提供系统数据支撑。工业上云的模式可延伸到第一、第三产业。

延伸到第一产业就是"农业上云"模式，未来农村的数字化设备将会越来越多，如无人农机、物联网监测、手持式病虫害防治终端等，这些设备和业务系统需要部署到云端，实现农业设备和平台的彼此联通、数据共享，从而提高农业生产的效率。

由于农民的受教育程度普遍较低，且要在农村维护一套农业上云的整体服务设备需要较高的成本，因此采用统一云 SAAS 管理的方式将能低成本、高效率、低门槛地实现农村基础业务部署到云端，有利于降低农业信息化的建设成本。

政府、农企可以通过订购的方式，直接获得农业云平台上的农产品溯源、病虫害管理、无人农场信息化管理等基础服务，真正实现快速、高效的业务部署。因此，农业上云将是未来建设数字乡村的重要一环，建成一个统一的数字乡村云平台提供云SaaS服务，将有助于我国实现数智乡村振兴战略。

3.4 N：Network——融合网络

所有数字智能技术，都需要通过光纤、4G、5G、IoT（Internet of Things，物联网链接），才能将海量农业农村数据采集起来，并通过智能运算技术进行云端处理，实现数字乡村的虚拟化世界。未来，移动技术将逐步融入各行业，包括农业当中，本章将对5G、6G进行简要介绍。

3.4.1 5G新技术：赋能农业"新农具"生产

在2G、3G、4G时代，网络业务是单一的，同时网络服务对象也单一，架构相对单一，网络控制集中，数据网关集中，导致无法满足超低延时、灵活业务部署的要求。5G彻底改变了4G网络之前面向"人网"的设计，将网络扩展到"物网"，实现万物互联，用数字智能指导生产。我国农村是广阔的数智市场，5G高带宽、低延时等特性是农村数字化的基础，网络切片、边缘计算等5G新技术将协助智能化指导数字农业的生产。但是，由于5G

网络的高频特性,其网络覆盖距离是目前将5G应用到农村广阔空间的一个瓶颈。5G 700MHz、龙伯球透镜天线等技术,将能极大增强5G的覆盖距离,适应农村的覆盖需求,未来这些技术将会大量应用到农村广阔区域。

网络切片。网络切片是一种按需组网的方式,可以让运营商在统一的基础设施上分离出多个虚拟的端到端网络,每个网络切片从无线接入网,到承载网,再到核心网上进行逻辑隔离,以适配各种各样类型的应用。网络切片技术主要用在工业互联网中,具体到农业领域,可以通过网络切片技术为数智化农产品加工厂提供差异化定制5G端到端网络,保障加工自动化的稳定运行。

边缘计算。边缘计算,是指在靠近物或数据源头的一侧,采用网络、计算、存储、应用核心能力为一体的开放平台,就近提供最近端服务。其应用程序在边缘侧发起,产生更快的网络服务响应,满足行业在实时业务、应用智能、安全与隐私保护等方面的基本需求。由于未来在数智化农业领域,将会有大量的物联网应用,需采集大量数据、进行智能化运算,因此,原有的集中化云网络架构将无法满足未来指数级的采集与运算需求。边缘计算,将集中化的云网机构分解成客户侧本地部署的边缘云网络结构,可以减少农业生产的采集与运算集中度,提高数智化农业生产效率。

5G 700MHz。700MHz频段原本是广电网络的无线广播频段,由于其低频率、穿透性强等特性,被誉为"黄金频段"。相比于5G目前的2.1GHz和3.5GHz频段,5G协议如果采用700MHz黄金频段进行组网,其覆盖范围可增加3~5倍,可极大地减少基站建设投入资本开支。由于农村是广阔的区域,采用5G 700MHz技术对农村的农田、林区等区域进行覆盖,具有极大优势,预计未来此项技术将会在农村大面积应用。

龙伯球透镜天线。针对 5G 的覆盖问题,除了从频段上进行优化,采用新的天线技术也是非常有效的一种方案。龙伯球透镜天线技术原本是一种军用的天线技术,与传统的板状天线相比,具有超轻、能耗低、信号覆盖范围大、节能等特点。经过运营商现网测试,在同样的覆盖距离下,透镜天线的功率大概是传统板状天线的一半,且覆盖范围大约是板状天线小区的 2~3 倍。预计未来 5G 采用 700MHz + 龙伯球透镜天线的方式将极大地增加网络覆盖距离,解决目前农村网络覆盖范围的问题。

3.4.2 未来的 6G:真正实现天空地一体化网络

由于农村普遍距离城市较远,4G、5G 网络对农村和林区等区域的覆盖存在一定局限性,即便是卫星遥感、北斗系统等现有技术也无法解决边远区域的数据回传问题,这些问题未来都需要通过革命性的 6G 组网解决。为了说明 6G 对通信网络的革命性意义,有必要先简要讲解一下应用 5G 之前的组网模式:从第一代移动通信(1G)开始,虽然通信技术经历了 5 代的技术迭代,但是从通信组网技术本质上来看,其组网模式基本离不开地面光纤+无线基站模式,如图 3-4 所示。

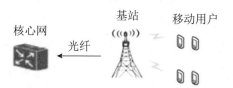

图 3-4 1G 到 5G 采用地面光纤 + 无线基站的覆盖方式

从 1G 到 5G 技术都要求无线频率越来越高,速率越来越快,接入用户越来越多,因此这种地面光纤 + 无线基站的模式就变得越来越臃肿，只有不停地增加基站和铺设光纤，才能满足移动用户越来越高的速率要求。特别是 5G 时代，物联网终端数将超过 100 亿个，未来还需要把世界上所有的终端接入，包括大海和沙漠上的用户，按以前的覆盖模式需要的基站数量可能将是天量，因此对 6G 的技术的研究应运而生。

6G，又叫"天际通"（见图 3-5），彻底改变了 5G 之前的地面光纤＋无线基站模式，采用的是卫星和地面用户通信的方式。毫无疑问，这是一次对 5G 之前的网络覆盖结构的颠覆性技术变革。从理论上来讲，6G 采用卫星技术通信的优点也非常的明显，因为卫星在空中，信号较难被遮挡，而且一颗卫星的覆盖范围肯定比地面站要大很多，因此可以把大海和沙漠的每一个终端都纳入 6G 网络世界中，从而具备未来全地球覆盖的条件。

图 3-5　6G 将采用卫星对地面终端覆盖方式

但是，6G 通过卫星进行覆盖的方式缺点也非常明显，最大的技术瓶颈就是卫星的成本，根据美国的估算，如果未来 6G 要覆盖全球，那么至少需要向太空发射 2 万颗卫星。我们暂且抛开技术可行性、设备问题、维护难度等问题，如果真的要发射 2 万颗卫星，火箭的成本问题就将是未来 6G 运营的一项巨大投入。我国宣布 6G 的研发，是各种条件的必然，中国已具备火箭、卫星和通信的自主技术能力，但是必须由国家来统一协调未来 6G 的基础技术储备，并且未来还要以国家投资来启动 6G 的基础建设工作。而在 6G 研究启动前，我国政府已经启动了物联网星座的组网工作，主要面向农村等边远地区进行物联网组网测试工作，储备相关 6G 技术。

3.5 O: Operation——虚拟运算

应用数智化技术，将整个物理世界整合进入虚拟映射系统后，需要通过新区块链、数字孪生、VR/AR 等新技术，从虚拟世界重新构建一个可视化、可操作、可回溯的数字化空间。在这个新的空间中，通过虚拟运算，可协助物理实体世界进行分析和智能辅助决策。

3.5.1 区块链，提升农产品品牌价值的溯源技术

区块链（Block Chain），是伴随着比特币诞生的一项技术，本质上是一个去中心化的数据库，是一串使用密码学方法相关联产生的数据块。每一个数据块中包含了一次比特币网络交易的信息，用于验证其信息的有效性（防伪）和生成下一个区块。就像一个数据库账本，记载所有的交易记录。所谓区块链，本质上是一个共享数据库，存储于其中的数据或信息，具有"不可伪造""全程留痕""可以追溯""公开透明""集体维护"等特征。

对于"区块链＋农业"，近几年许多互联网公司也在尝试。通过区块链技术的多方信息共享，可将农产品管理维度深度细化，

全面覆盖农产品全流程。如图3-6所示，利用区块链平台，提供更完善的服务，记录每一件农产品的信息和流转过程，为新型物流、新型商业模式提供可能。农产品追溯信息链的建设主要依托标识技术，基本做法是对农产品进行标识，在生产场所实施危害分析与关键控制点管理，通过数据采集管理系统采集、转换和记录各生产追溯信息，并将数据上传到追溯中心数据库，将农产品与种养殖户、供应商、配送商、交易商等建立关联关系，从而实现通过产品条码对农产品生产、加工、流通过程的跟踪和溯源管理。建立农产品的质量安全追溯管理系统，必须实现农产品产业追溯信息链的构建、追溯中心数据库的建设、数据采集系统的建设，在此基础上为政府部门、企业和公众提供追溯服务。

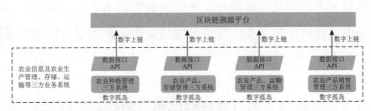

图3-6 区块链溯源平台

不过，区块链技术作为一项新技术，在落地农业场景方面并不容易，面临着技术和需求等多方面的问题，目前在农业领域，有以下两个区块链的应用瓶颈难以突破。

实体农产品和数据的真实匹配问题：区块链追溯系统的核心是数据，对于整个系统来说，基础数据的获取方面，尤其是农业生产过程中的'最后一公里'数据的获取比较困难。

区块链致农产品成本增加问题：我们知道，农产品大多处于单价低、利润不高的产业状态，如果遇到丰收年，单个农产品还将遇到增产不增收的问题。而单个区块链上链的成本目前为50

万～80万元，也就意味着需要增加农产品的销售单价才能覆盖这部分成本，商业化价值较低。

针对以上两个瓶颈问题，目前区块链只能应用在农产品产值较高的领域，比如茅台酒、大闸蟹等产品上，且在应用区块链溯源的场景，生产企业必须要确保产品完成包装后，在流通环节不会出现"物码分离"的现象，这无疑又变相增加了企业的生产成本。因此，区块链在农业生产等领域的应用，仍需要进一步探索。

3.5.2　数字孪生，构建数字乡村的虚拟系统模型

数字孪生（Digital Twin）是充分利用物理模型、传感器更新、运行历史等数据，集成多学科、多物理量、多尺度、多概率的仿真过程，在虚拟空间中完成映射，从而反映相对应的实体装备的全生命周期过程。数字孪生是一种超越现实的概念，可以被视为一个或多个重要的、彼此依赖的装备系统的数字映射系统，如图 3-7 所示：

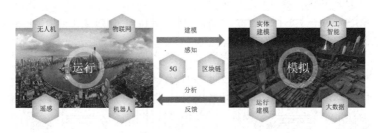

图 3-7　数字孪生构建实体世界的虚拟模型

早期，数字孪生更多存在于工业、制造业领域，如美国国家航天局（NASA）的阿波罗项目中，曾经使用空间飞行器的数字孪生对飞行中的空间飞行器进行仿真分析，监测和预测空间飞行

器的状态,从而辅助地面人员做出正确的决策。数字孪生是一种概念,也是技术的集合,在不同的应用场景中,用于实现对物理世界的数字映射,不但映射外观内貌,也映射其中的运行过程,在虚拟环境中实现对运行过程的模拟,可以分析物理世界中无法模拟和分析的情况,并将结果反馈到物理世界中,指导物理世界的运行。数字孪生技术广泛应用于科技研究、智能工厂、智慧城市、应急管理等具体场景中。

数字孪生技术用于建设数字乡村有着极其重要的意义,例如,应用在农业和林业的可视化智能解决方案可以轻松地访问田地、森林或种植园的数字地图。又如,用户可以勘察到大型种植园压力的早期迹象,生成精确的、随时可用的杂草控制图,并跟踪资产随时间的变化。数字孪生技术还能用于监管农村的道路、村庄、水体、厕所等资产治理情况。由于有了新的可视化数据管理平台,生成农业资产的数字孪生变得前所未有的容易。在数字农业及乡村治理中,数字孪生可用于推动可行的业务洞察力提升并降低运营成本。

数字孪生生态系统主要可以分为物理层、感知层、模型层、支撑层、功能层、应用层。数字孪生信息分析技术,通过人工智能计算模型、算法,结合先进的可视化技术,实现智能化的信息分析和辅助决策,实现对物理实体运行指标的监测与可视化,对模型算法的自动化运行,以及对物理实体未来发展的在线预演,从而优化物理实体运行。

简单来说,要通过数字孪生技术形成数字乡村的镜像化虚拟世界,主要要通过三步进行构建。

1. 数字乡村实体数据采集。利用 5G 大数据量、高速率、低延迟的优势,结合无人机航拍,实现数字孪生乡村的精细化实体数据采集,支撑数字乡村的底层基座。利用遥感卫星监测采集+AI识别技术大范围获取乡村地区的地表覆盖和自然资源情况,实现数字孪生乡村的实体数据动态更新,保障数字乡村的底层基座现势。充分利用气象、土壤、虫情、视频监控、机器人等物联网设备的采集和反馈能力,实现数字孪生乡村的产业、安全、环境数据动态采集以及控制设备的准确反映,支撑孪生数字乡村各方面动态运行情况的感知映射和实体反馈。

2. **区块链等技术实体建模**。利用采集的实体数据,进行数字孪生乡村实体建模,搭建孪生数字乡村模型底座。利用区块链技术安全可靠、不可篡改的特性,实现数字孪生乡村数据记录和传输安全,支撑孪生数字乡村运行中交易、溯源、鉴证数据的映射唯一、安全、可靠,保障数字孪生的信息映射准确无误。

3. **人工智能运行模式**。利用采集的物联网实时数据,进行数字孪生乡村运行模型构建,模拟数字乡村运行基础。在数字乡村实体和运行模型基础上,利用人工智能和大数据,进行数字孪生乡村运行分析和智能辅助决策。

通过以上三个步骤,数字孪生技术将实现对数字乡村实体物理世界的农作物模型、水环境模型、交通道路模型、林区环境模型等农业和农村相关资产的虚拟化,并通过人工智能等技术进行分析和智能辅助决策,极大地减少农村物理世界改革带来的实验性成本。

3.5.3 AR/VR:农旅结合的远程虚拟体验空间

AR 是 Augmented Reality 的缩写,意为增强现实;VR 是 Virtual Reality 的缩写,意为虚拟现实。从某种意义上说,VR 是

AR 的一部分，VR 是完全虚拟场景，也就是说 VR 中的景象都是虚拟合成的，所以 VR 装备更多用于用户与虚拟场景的互动交互。现在很多电子产品都带有摄像头，因此，只要安装 VR 的软件就能有身临其境的体验。而 AR 是现实场景和虚拟场景的结合，即在摄像头所拍摄的画面的基础上结合虚拟画面进行深度展示和互动。

两种技术的不同特性，可以应用在农业的不同领域。

VR 农技培训：通过对农产品种植、加工过程及农业生产机电设备展开实地调研，采用 VR 技术模拟实现，应用软件以 1∶1 大小比例建模还原虚拟场景，使用手绘还原模型外观，尽可能逼真重建场景。VR 内容需要结合特效、动画，辅以材质、灯光，实现 VR 场景效果、系统功能，VR 内容最终发布到 VR 一体机设备上。

AR 农业可视化沙盘：AR 可视化沙盘基于地理可视化的三维地图，还原产业园的真实地形，以质感化的地图搭配充满科技感的动态元素，可视化的数据图表经过信息梳理，辅以代表不同意义的光影特效，用不同颜色代表不同产业，用易读取的图表类型直观地展现了产业园的量化成果；对应各个产业类型的三维光标，则让用户弹指间了解产业分布情况，整个信息平台遵循科技化、数字化、轻交互的原则，全方位营造了一个现代数字化的农业产业园。让产户、采购商、消费者对基地有直观的认知，加强对绿色食品信心，同时也可把种植基地、加工工厂带出去，带至更远的展会，让更多无法到现场的采购商、消费者，借用 AR 数字化装备多角度了解产业园。

AR 远程病虫害干预：虫害、杂草伴随整个农业种植的生产过程，农民不具备通过细微差异识别田野上超过 500 多种农业害虫和1400多种田间杂草的能力，AR数字设备可以让田间地头的农业工人快速捕足相关信息，通过云端AI识别，让产户快速了解情况，对症下药。同时，结合AR农业可视化沙盘，可以把实时情况数字化成为沙盘可视化的一部分，直观地反映各地块病虫害防治的情况，能科学地及时进行防治和精准用药。

第 4 章

数智化农业生产：第一产业振兴

2021年4月29日，第十三届全国人民代表大会常务委员会第二十八次会议表决通过《中华人民共和国乡村振兴促进法》，将乡村振兴写入法律。乡村振兴已经上升到国家战略高度，从产业振兴、文化振兴、人才振兴、生态振兴、组织振兴五个方面推动农业全面升级、农村全面进步、农民全面发展。

其中，产业振兴无疑是乡村振兴五大振兴的重中之重，可以说，只有实现了农村的产业振兴，其他四大振兴才有实现的经济基础。产业振兴的目标是构建新型农业产业体系，实现农村第一、第二、第三产业融合发展，发展乡村新业务，扩大农民持续快速增收的渠道。

我国传统农业是靠天吃饭，自然环境对农业生产的影响很大。传统农业在生产过程中，无论是农作物的种植还是畜禽、水产的养殖，多凭农、牧、渔民的经验和感觉进行生产，这不仅会造成作业效率低下，肥、水、药的严重浪费，还使得农产品品质与安全难以保证，很难做到精准化和利益最大化。传统农业产业很长时期没有很大的技术进步和发展，近年来，一些新的数字化、信息化技术逐步在中国广袤的农业土地上冒出了一抹"新绿"。

鉴于产业振兴的重要性，我们将用三章左右的篇幅来介绍如何通过数智化的手段，结合5G等新的技术，实现农业农村第一、第二、第三产业的融合发展。在本章中，我们先来介绍第一产业如何用数智化新技术在农业种植、渔业、畜牧生产中实现新的应用形态。

4.1 数智化精准种植

我国是一种传统的农业大国，有着几千年的农业生产历史，但是，我国传统农业的特点是人口多、耕地少，以小农经济为主。我国耕地面积只占世界的 7%，但是却要养活世界 22% 的人口，导致我国的种植业无法发展美洲那样的大农场经济，可以使用大型机械化设备进行生产和收割。我国的传统种植生产到目前为止，还是以过去积累的经验或手艺来进行判断决策和执行，以人为核心，这也导致了整体生产环节效率低、波动性大、农作物或农产品质量无法控制等问题。

我国耕地面积超过 20 亿亩，农业生产劳动者超过 3 亿，但是近年来，农村人口比例逐渐下滑，如图 4-1 所示，近 20 年间农村人口下降 24%，农村老年人口占全国老年人口的 56%，青壮年农民进城务工现象普遍，留守农村的大都为老人和小孩。农村目前已经逐步进入劳动力断档阶段，"80 后"不想种地，"90 后"不懂种地，"00 后"不问种地，依靠传统经验和人力的农业生产方式已经无法满足未来我国农业的发展实际需求。

因此，我国应该逐渐形成一套适合自身国情的精准种植新技术方案，其既能适应农业经济现状，又可以通过技术手段达到改变传统农业生产力和生产关系的目的。

精准种植主要分为室内和室外两种种植技术，数智化精准种植方案主要应用在室内大棚，当然在一些条件之下，室外的种植环境同样可以应用。一套完整的数智化精准种植管理系统，如图 4-2 所示，应该包含环境自动调控、全自动水肥一体、自动灌溉、病虫害预警防治、农作物监测及气象监测预警系统五大系统。

(a) 农村人口比例（2000—2020年）

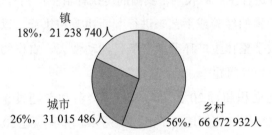

(b) 老人（≥56岁）人口构成

图 4-1　农村人口老龄化数据分析图

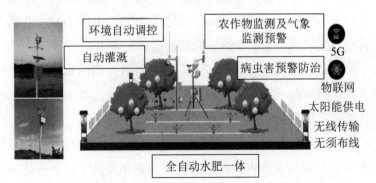

图 4-2　数智化精准种植五大系统

4.1.1 数智化环境自动调控

对于精准种植来说，根据环境实时调控农作物的生态参数对于农作物生长极为重要。一般来说，无论是室内的还是室外的精准种植环境智能调控系统，都应该由数据采集和智能调控两部分组成。

数据采集：借助传感器、高清摄像头采集空气温湿度、光照度、CO_2 浓度、水培液浓度、pH 等环境数据和作物生长状况。

智能调控：精准种植云平台将收集到的数据与作物生长模型进行对比，实时对作物生长环境进行远程、精准、智能、自动调控，最终实现节能降耗、绿色环保、增产增收的目标。

4.1.2 数智化全自动水肥一体

水肥一体系统可以根据作物不同时期对水肥的需求规律，将农作物最优水肥比输入水肥一体机，配合精准的水肥一体化技术在恰当的时间进行全自动智能化施肥。水肥一体化技术是集灌溉和施肥于一体的农业新技术，全自动水肥一体系统是建立在可溶性固体或液态肥料的基础上，根据土壤养分含量和肥料需求以及作物类型的特点，将肥料溶液与灌溉水混合在一起，通过可控管道系统给水、供肥，使水和肥料混合，通过管道和滴头形成滴灌，均匀、定时、定量，渗入农作物根系的生长发育区域。

因此，全自动水肥一体系统可根据作物所需肥料的不同特性，以及土壤环境和养分含量的不同，让农作物的主根土壤始终保持疏松和适宜的水分含量。水肥一体系统可以跟进不同农作物生长期对水、肥料的需求设计不同的水肥比例，定期将水、营养素进行定量，并按比例直接提供给农作物，保障农作物的生长周期获得稳定的比例适宜的营养。

4.1.3 数智化自动灌溉

数智化自动灌溉系统通过自动气象站、土壤温度传感器、土壤水分传感器等监测当地气温积温、土壤的水分含量、土壤温度等数据，通过滴灌、喷灌、漫灌等灌溉方式，智能调节灌溉时间和灌溉量，维持作物的水分平衡，保证作物生长发育良好。智能灌溉系统主要实现自动灌溉和节水降耗两大功能。

自动灌溉：作物的不同生长阶段对水分的需求不同，在作物的需水关键期要保证灌溉的频率和水分的充分供应，在作物相对耐旱的生长阶段，可以适量降低灌溉的土壤水分含量最低下限，减少灌溉的频率，节约灌溉量。

节水降耗：基于作物模型、大数据分析的智能节水灌溉、精准灌溉，在节约水资源的同时，还可降低成本、提高经济效益。

4.1.4 数智化病虫害预警防治

病虫害预警防治系统通过建立作物、环境、病虫害关系模型，结合未来天气气候预测结果，对作物常见病虫害的发生概率给出预测、预警信息，并为农业生产提供 AI 病虫害智能预警、病虫害防治等服务。

智能预警：通过气象卫星、无人机遥感传感器采集空气温度、相对湿度、叶面温湿度、降雨量等数据，通过农业气象大数据、作物生长模型、病虫害数据库，结合病虫害发病机理、分析虫害可能发生情况，建立作物病虫害预警模型，预测病虫害可能发生的时间，自动进行预警。

病虫防治服务：推荐病虫害防治手段、提前保护药剂等，在线病虫害识别、诊断、专家建议、农资上门等服务，提供专业无人植保服务，及时精准喷洒农药，防治病虫害。

有了病虫害预警防治系统，结合 AI 智能预警等服务后，可以结合无人机等服务实现自动农药喷洒等功能，进一步减少人工成本的同时，又能实现精准用药。

4.1.5 数智化农作物监测及气象监测预警

通过卫星、无人机遥感技术，结合地面监测、气象卫星数据动态监测区域作物长势信息，利用获取到的遥感数据对作物的实时苗情、环境动态和分布状况进行宏观估测，及时了解作物的分布概况、生长状况、土地肥力等情况。构建作物长势分析智能模型，实现对粮食作物产量、水分、养分等关键生长指标的精准预测，为作物生产管理者或管理决策者提供及时准确的数据信息。

农作物监测：利用无人机、卫星、地面检测车等实施天、地、空多维度遥感监测，采集作物种类、生长长势、地块面积、作物面积等数据，用于相关种植决策的制定。

气象监测预警：通过自动气象站和气象观测系统采集土壤温湿度、风向风速等气象数据，并根据现场实时数据、气象预测数据以及作物生长模型进行整合分析，针对农事活动提供一系列气象服务，从而起到辅助生产、增产增收的目的。

成熟期预测：根据作物成熟期植株不同部位含水率和叶绿素含量的动态变化规律，利用遥感技术和模型分析，预测作物的成熟期。

农作物产量和质量预测：应用遥感技术对作物进行面积提取、长势监测，结合气象数据，建立作物遥感估产模型，预测农作物产量和质量。

播种和施肥建议：根据采集到的土壤等实时数据和气象预测数据，对比农事活动播种需要的气象和土壤条件，结合当地气候特点，给出播种、施肥适宜性的分析建议。

4.1.6　阳西县东水山茶让"5G+数智化"成为"金扁担"

广东省阳江市阳西县新墟镇东水山出产的东水山茶是"广东省十大名茶"之一，东水山茶是阳西县的一个标志性农产品。位于阳西县西北部的东水山，山高林密，常年云雾缭绕，非常宜于种植优质的高山云雾茶。从2020年开始，阳西县新墟镇出现了气象监测仪、植保无人机、山地轨道运输车、智能分选机这些新的"黑科技"设备。

2020年，阳西县入选首批国家数字乡村试点地区。面对数字经济和现代农业蓬勃发展的前景，阳西正在规模化、机械化、标准化、一体化、专业化等方面"扬长补短"，以数字化引领、驱动农业农村现代化。东水山茶，作为阳西县数字乡村试点的产业园之一，在东水山茶数字农业产业园内安装了2个5G基站和10多套物联网监测设备，水肥一体灌溉系统、植保无人机和无人车的投入提升了植保效率，精准控制了农药用量，降低人工成本约90%，节约农药使用成本约40%。目前，园内，对整个茶园进行实时监测，所有监测数据接入茶叶生产管理系统，茶园管理人员可以实时看到茶园的空气湿度、土壤酸碱度、土壤含水量等数据，以及茶叶生长情况的实时画面。

第4章 数智化农业生产：第一产业振兴

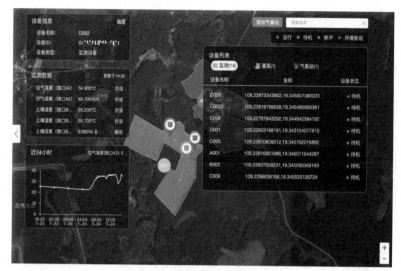

图 4-3 阳西县 5G 东水山茶园

近年来，阳西县在农业生产的关键环节改变原有凭经验、靠人力的传统作业模式，应用新装备、新技术观察、搜集、分析数据，帮助当地农户实现智能化决策、精准化种植和标准化生产。阳西县目前建立了东水山茶大数据平台，建立了东水山茶实时销售大数据体系，整合销售流向、销售价格、销售热度等数据，并进行综合分析。

高山云雾茶对环境要求较高，东水山常年有雾，环境湿度大，漫射光多，有利于茶树充分吸收养分，因此茶叶更嫩，口感更好，受到消费者青睐。以前种茶更多是靠经验，知道有雾的环境适合茶叶生长。其实，环境决定茶叶品质，同一座山的不同海拔、不同位置及茶叶出产年份的不同，茶树的茶叶产量和品质都是不一样的。想要种出更好的茶，就需要靠数据的分析，总结出什么样的环境能够产出更好的茶。茶农可以通过 5G 网络下的各种物联网设备对气候、土壤等数据进行收集、分析，通过不同年份数据的对比，结合当季茶叶品质的不同，期望摸索出能够种出更好茶树的环境指标，为整个茶园科学种植、精准种植、进一步提升茶叶品质提供大数据指引。

茶园面积大，安装的智能监控系统也发挥了智能巡园的作用，有效节省了人力。例如，茶园的除草工作，哪片茶园杂草长得多、长得快，需要马上清除，由于视频监控摄像头配备了拉远缩放功能，通过视频监控可以马上看到茶园的各种信息。此前，园区发现了一种叫薇甘菊的爬藤植物，该植物会迅速沿着茶树生长，遮挡阳光，影响茶树的光合作用，茶园立即组织工人及时清除了杂草。

农业的数智化转型成还需要强大的新基建保障。近年来，阳西全县8个镇建成5G基站122个，所有数字农业产业园均实现5G信号覆盖。东水山茶产业帮扶项目茶园占地面积10800亩，已开发种植面积1600亩，种植茶树1176亩。新墟镇充分发挥东水山茶的地域优势，统筹县镇扶贫资金132.82万元入股茶场，进行产业帮扶，每年分红10.63万元，通过"公司+农户"、吸纳务工、群众参股等多种形式，带动当地群众增收致富。

4.1.7 潮州老佛手果走向数智新世界

潮州有"三宝"，分别是老药桔、老香橼、黄皮豉，而老香橼则是"潮州三宝"之首。老香橼，也称为佛手果，是广东省潮州地区一种特色产品。它既是一种凉果，也是药膳类制品。据现代医学分析，佛手含有柠檬油素、香叶木苷和多种维生素，中老年人久服有保健益寿作用。老香橼因其药用价值显著而备受潮人青睐并享誉海内外。

9月、10月是潮州佛手果的采摘期，处暑过后，逐渐进入立秋时节，一条短信发送到果农的手机里："空气湿度达到87%，虫害上升，特别要防范好蒂蛀虫，加大喷药量，正在安装的全自动喷药防虫系统要加快进度，尽快投入使用。"果农收到气象监测系统"有虫害"的提醒后，连夜对茶园进行精准喷药，有效消除虫害，保障了佛手果顺利在10月上市，加工成药的老香橼获得了消费者的一致好评。

在潮州湘桥区佛手果产业园，展厅的电子屏幕显示着佛手果的种养范围、销售情况和加工视频，长势监测、气象灾害预警、病虫害预警、采收管理、历史数据追溯等生产服务一应俱全。佛手果产业园内广泛分布的智能气象监测站、土壤监测站以及视频监控，实时将雨水、湿度等气象信息、土壤EC值，以及佛手果产业园内的实时监控画面传回到办公室的大屏上，方便管理人员实时掌握佛手果生长情况。土壤是否缺水，空气湿度和温度是否合适，通过实时传回来的数值，一目了然。此外，由于佛手果产业园面积大，通过智能视频监控，人们可以远程看到各片区佛手果生长情况。通过园区内的数字设备，构建了空天地一体化生产服务平台，能够精准提供气象预警、长势监测、病害预警和打药适宜性分析等服务，为佛手果生产服务。

图4-4　佛手果通过5G+VR+物联网实现云店销售

产业园内建设了 1 个 5G 基站，通过 5G+ 物联网技术，对佛手果产品的原料、生长、生产加工全流程实现监控及标识，为农产品建立"身份证"制度，实现对产地环境、农业投入品、农事生产过程、质量检测、加工储运等质量安全关键环节全程可追溯，让消费者买到放心产品。消费者可以通过扫二维码的形式打开佛手果数字云店小程序，在小程序上可以看到产业园各项数据统计，包括产地信息、生长环境数据、生长过程照片、质检报告等。同时，消费者可以通过 VR 远程参观佛手果产业园的现场，身临其境的场景让购买更加安心，进一步打响潮州佛手果及加工老香橼的品牌。

潮州湘桥区佛手果产业园以"两街四镇"为产业布局，占地 1300 亩，已建设 1 个 5G 基站，通过数智化手段建设 1000 亩佛手果种植示范园，带动农民种植 9000 亩，实现总种植 1 万亩的现代农业产业园。

4.2 数智化渔业养殖

渔业是指捕捞和养殖鱼类与其他水生动物及海藻类等水生植物以取得水产品的社会生产部门，是农业的重要组成部分，渔业产业体系当中，以水产养殖和渔业捕捞为主。如图 4-5 所示，渔业养殖主要由海水养殖和淡水养殖两个大类构成，除了养殖以外，渔业还包含海洋捕捞和淡水捕捞等生产方式，渔业生产的差异性很大。渔业产值中（不含苗种），海水产品与淡水产品的产值比例为 47.7 ∶ 52.3，养殖产品与捕捞产品的产值比例为 77.8 ∶ 22.2。

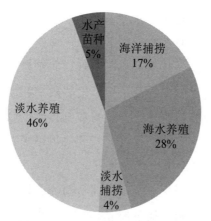

图 4-5 我国渔业产值构成比例图

长期以来,我国水产养殖较为偏向追求产量,比较忽略养殖效应对水域生态环境的保护;水产品质量安全制约着现代渔业的发展;我国深水抗风网箱养殖装备智能化水平与发达国家仍有较大的差距。因此,我国应广泛应用5G、物联网等技术,推动数智化渔业发展,并逐步形成环保生态、持续增殖的渔业粮仓。

根据《全国渔业发展第十三个五年规划(2016—2020年)》,"十三五"渔业发展要牢固树立"创新、协调、绿色、开放、共享"发展理念,以人为本、依法治渔,大力推进渔业供给侧结构性改革,加快转变渔业发展方式,加快实现渔业现代化。同时,农业农村部《关于加快推进渔业信息化建设的意见》指出,"十三五"期间,要推动信息技术与现代渔业融合,提升渔业生产、经营、加工流通、管理服务水平,加快完善新型渔业生产经营体系,培育多样化渔业互联网管理服务模式;加强渔业信息化顶层设计,提高渔业管理服务能力,强化渔情统计监测,创新智慧渔业模式,推动渔业大数据发展,创新渔船渔港安全监管手段,发展渔业电子商务。农业农村部在2019年发布的《数字农业农村发展规划(2019—

2025年）》也明确提出，推进智慧水产养殖，构建基于物联网的水产养殖生产和管理系统，推进水体环境实时监控、饵料精准投喂、病害监测预警、循环水装备控制、网箱自动升降控制、无人机巡航等数字技术装备普及应用，发展数字渔场；发展渔业船联网，推进渔船智能化航行、作业与控制，建设涵盖渔政执法、渔船进出港报告、电子捕捞日志、渔获物可追溯、渔船动态监控、渔港视频监控的渔港综合管理系统。

根据以上文件要求，我国渔业目前需要运用数智化手段解决海水养殖、淡水养殖、捕鱼船管理三个重点方向的问题。针对渔业目前效率不高、劳动力短缺、生产质量无法管控等问题，运用5G、互联网、云计算、物联网、大数据等新一代信息技术，对渔业产业链生产、管理以及服务等环节，进行改造、优化、升级，重构产业结构，提高生产效率，把传统水产养殖业、捕捞业落后的生产方式发展成新型高效的生产方式。

4.2.1 数智化海洋牧场

对于海水养殖来说，特别是深海、近海区域，要实现数智化养殖方案，网络覆盖显得无比重要。目前我国无论是近海还是深海养殖区域，网络覆盖信号均非常不稳定。因此，未来低频700MHz 的 5G 网络，结合北斗导航系统、近轨道卫星宽带等方式进行覆盖，将是解决目前海水养殖升级数智化的基础。

对于从事深海养殖的工作人员来说，最辛苦的工作就是要开船一两个小时到深海养殖区域去投喂鱼苗，同时，由于这些深海网箱区域人迹罕至，经常会发生一些晚上针对网箱的偷盗事件。传统深海网箱区域很难通过无线网络进行覆盖，而 5G 的 700MHz

频段，其覆盖范围大概是 5G 的 3.5GHz 频段覆盖范围的 5～8 倍，基本可以覆盖到 10 海里远的深海网箱区域。因此，在深海领域，有了 700MHz 的 5G 低频网络加持，加上透镜天线等网络覆盖增强技术，也就具备了建立数智化的海洋牧场平台的基础。

数智化海洋牧场平台整体方案包括：在深海网箱建设一个漂浮平台，并安装一体化设备，网箱内部安装自动鱼料投喂系统，网箱周边放置深海机器人，在离岸建立数据中心和监控平台系统，整体的工作原理如下。

一体化监控设备：在海洋牧场平台上放置太阳能一体化监控设备，通过 5G 回传远程视频，遇到海上偷盗情况还能通过 AI 智能算法实时告警和录像取证。

深海机器人：通过深海机器人可以对网箱周边的海洋生态进行实时监控，保障网箱水产的安全性，并可利用深海机器人做一些简单的人工替代操作。

自动鱼料投喂：海洋牧场平台到深海网箱边缘处设置自动鱼料投喂装置，可通过定时开关或远程控制方式对鱼苗进行投喂，极大降低人力成本。

离岸建立数据中心和监控平台：所有海洋牧场的数据都将汇聚到离岸数据中心，通过监控平台对深海网箱养殖实时状况进行远程显示，出现异动才派出渔民出海作业，极大降低了人力成本。

4.2.2 数智化鱼塘

我国的淡水养殖一般采用鱼塘养殖的方式，养殖密度普遍比较高，容易发生水质污染和大面积病害等系统性风险。淡水养殖解决方案由智能鱼探仪、各类传感设备、自动投饵机、软件平台等组成。基于5G网络大带宽、低时延、广覆盖的特性,通过鱼探仪、高清摄像头、各类传感器等智能终端,实现淡水鱼塘养殖场的水下勘测、线路设置、鱼群监控、水质检测、智能投喂、视频监控等功能。有效地帮助鱼塘养殖企业按需投喂饲料,降低生产成本,降低系统性养殖风险,提升经营收益。

数智化鱼塘系统的基本工作原理,是通过在鱼塘中布设水质监控传感器终端对养殖水环境溶氧浓度、pH、温度等关键指标进行远程在线监测,通过视频回传进行实时监测。根据实时水质监测情况控制增氧泵、底部增氧机等设备对水质进行远程调控;通过移动巡检服务,检测养殖水环境的氨氮、亚硝酸盐等影响水环境主要指标,并形成分析报表。数智化鱼塘云平台将自动生成每日投喂饲料的记录、大数据渔情分析、微观气象预警、病虫害预警防治等数据。

4.2.3　数智化渔业捕捞

对于海洋、江河渔业捕捞作业来说,捕捞作业最大的风险来自于渔船的事故。据统计,全国2017—2021年渔船事故案件总数为139起,赔款总额为2.55亿元。其中,碰撞、火灾、倾覆、触损等四类事故的案件数为103起,赔款金额为2.13亿元,占比分别高达总案件数的74.1%和总赔款金额的83.4%。因此,渔业捕捞行业急需利用科技手段,降低大案发生风险,促进渔业安全生产作业,研发和引入高新技术,以科技武装渔船,帮助渔民更好地预防事故发生。

由于渔业捕捞大多处于近海、沿海、内河港口、航道等水域,其核心述求是通过数智化手段解决港口、渔船、渔民三者的信息化管理问题，因此，考虑到成本和效率问题，这些区域主要采用AIS（Automatic Identification System，船舶自动识别系统）基站进行网络覆盖。AIS 成立于 1994 年，是当前信息系统领域顶级的全球纯学术性的专业组织，现有来自 90 多个国家和地区的会员 4000 多名。AIS 基站可安装在运营商基站铁塔上，可以通过卫星 AIS 系统进行船舶定位识别。

通过 5G、AIS 基站、卫星空天地一体化的网络，可以对渔业捕捞的渔船实现全方位的数智化管理。

渔船进出港：港口附近可以利用 5G 网络的高带宽、低时延特性，通过视频监控+AI 分析技术，对进出港的船只进行智能识别，对于违法的船只进行抓拍执法取证，并且可以对重点水域的船舶信息进行智能分析、实时远程视频监控、台风等天灾提前预警等。

船捕捞作业：对于沿江、近海的渔业捕捞船来说，由于这些区域大多可以有运营商的 4G/5G 信号覆盖，因此进行信息化管理的难度不大。但是，当渔船进入深海区域进行捕捞作业时，则只能依靠 AIS 基站或者卫星进行通信和管理，同时也加大了信息化管理和执法的难度。目前，对于海洋作业的渔船，主流还是需要通过配备数智化设备的渔政执法船进行管理和执法。数智化渔政执法船通常配备防腐蚀的视频监控云台、船载通信设备、卫星通信设备等，同时配备无人机群，可对渔船周边 100 米范围进行广覆盖监控，确保渔船捕捞作业的安全、合法。

船员管理：对于出海渔船的船员来说，最大的风险来自船员违法出海，包括未持证上岗等现象。类似的船员管理问题，均可借助数智化手段得到解决，首先在船员登船之前，可通过信息化平台的人证比对方式，对于未事前录入个人信息的船员、无证或违法船员，平台会实时告警，通过 APP、PC 端通知执法人员处理。

其次，在船内驾驶舱中安装全天候驾驶员行为监控装置，如果驾驶舱内出现少于 2 人或者擅离职守、人证不匹配等现象，船舱内会出现长时间的告警信号。同时，系统会上报到执法后台作为执法依据保存，也支持远程的执法人员在线警告船内驾驶人员的危险行为。

4.2.4　数据说话，5G 养殖让脆肉鲩增产增收

脆肉鲩原产于广东省中山市，是用水库的矿泉水，喂精饲料，运用活水密集养殖法养育而成的名特水产品。其因肉质结实、清爽、脆口而得名。养出来的脆肉鲩蛋白质含量较普通鲩鱼高 12%，肉质软滑、爽脆，味道更为鲜美，尤以鱼肚部分最佳。因这种鱼肉质带有韧性，故烹调制作方式繁多，生炒切片炒口感更佳，蒸、炖、火锅则各具风味。被誉为"中国脆肉鲩之乡"的中山市小榄镇的脆肉鲩养殖面积约 16500 亩，占全市脆肉鲩养殖总面积的 70%，每年脆肉鲩销售额超过 10 亿元。

中山脆肉鲩食量大、生长快，对饲料及水溶氧要求高。依托 5G、物联网等技术，"中国脆肉鲩之乡"小榄镇近年开启了渔业养殖的"数智"引擎，将养殖生产设备、气象雨量监测设备、云平台等连为一体，共同为脆肉鲩养殖提供精准支撑，实现生产自动化、管理信息化、决策智能化。投饲机模块可在鱼塘中央 360°抛料，抛料可调直径范围达 20～50 米，能有效改善采食区溶氧状况。渔民能够通过手机端或中控电脑，控制投料量、投料时间，了解库存情况。全自动化作业省去了塘头工人力成本，使渔民的运营成本降低 15% 以上。如果养殖出现问题，渔民可以借助"鱼病远程会诊系统"，将鱼塘中不正常的鱼的解剖图像、

视频、VR影像等实时传输到实验室。专家或实验人员将远程诊断，定位病症，及时给出意见和建议。

图4-6　中山小榄镇5G脆肉鲩产业园

目前，小榄镇已完成产业园核心区脆肉鲩鱼塘布局、养殖投入与产出生产日志等数据的梳理录入，并选取中山市嘉华脆肉鲩养殖专业合作社养殖场作为试点，完成智慧渔业云平台硬件搭建安装，进行试点运营。据预测，5G智慧渔业项目推广后，脆肉鲩产能提升20%，最高可达亩产3000公斤以上，年单产3.5万吨，总产值超15亿元。2021年中山小榄镇脆肉鲩产业园已成为省级现代农业产业园，接下来，镇政府还将投入数千万专项资金，用于全镇的渔业升级和改造。

4.3　数智化畜牧

我国是一个世界养猪大国，养猪业在整个畜牧业中占有主导地位，养猪业已成为我国农业及农村经济中十分重要的支柱产业之一。据统计，我国每年生猪出栏约7亿头，第二名美国为1.4亿头。如此大的差距意味着，没有其他国家可以弥补我国的猪肉缺口，因此我们必须大力发展养猪行业。

我国养猪业的产业化、规模化较低，年出栏量500头以上规模的猪场不到总量的一半，人们吃到的一半猪肉来自年出栏量500以下的散养农户、小型养殖场。传统的养殖方式不仅生产效率低下，而且在污染治理、疾病防控以及食品安全等方面存在较大问题。与美国相比，美国前十的养猪企业占了全国生猪出栏量的90%以上，而我国头部的养猪企业只能占到全国生猪出栏量的3%~5%。

除了养猪行业以外，我国畜牧业还包括禽、牛、羊等养殖业，均有数智化转型的需求，比如在内蒙古的畜牧行业，由于大量牛、羊养殖都处于放养阶段，因此对牲畜进行追踪防盗成为最核心的信息化诉求。

4.3.1　数智化无人养猪场

2018年的环保整治、2019年的非洲猪瘟两大因素极大地促进了我国的养猪行业向数智化规模养殖发展。目前，限制我国养猪业规模发展的原因主要有三：一是生产设施、设备落后，饲养管理粗放，养殖环境差，标准化养殖比重低；二是由于标准化生产水平不高，环境污染加剧，饲养管理不善，抗生素滥用加剧了细菌、病毒变异，造成猪的抗病力严重下降；三是环保问题，政府正在积极推行限养和禁养政策，环保问题已经关系到猪业能否在某些地区继续生存。

基于以上三个制约我国养猪业规模发展的因素，发展数智化养猪场，通过自动投喂、环境监测、生物安防等新技术，实现养猪行业无人化、环保化发展，彻底逆转目前小农养殖户为主产生的疫情、环保问题。同时，由于无人养猪场所需的投资将远远高于原来的小农户养殖场,未来我国养猪行业应该逐步会向头部企业集中,养殖门槛会逐步提高,这也有利于我国长期存在猪周期低价过度伤害养殖户的问题。如图4-7所示,数智化无人养猪场主要由四个系统组成。

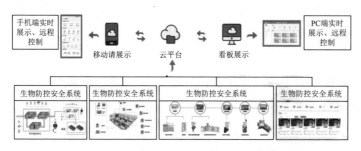

图4-7　数智化无人养猪场系统构成示意图

生物安全防控系统:对于无人养猪场来说,外来的车辆、人员、物料的交往是不可避免的,但是为了尽量减少外来疫情进入养猪场的影响,需要在猪场门口设置自动化集中洗消中心。同时,要通过养猪场物联网云平台,对外来的人、车、物进行集中的管理、告警、分析。

智能识别视频系统:无人养猪场内,安装了多种形态和功能的视频智能系统,比如在养猪栏设置轨道机器人,通过5G远程控制和回传猪栏的实时状况;通过红外、行为识别等人工智能技术,判断出猪栏内是否出现猪体温异常等情形,及时进行人工干预。养猪场内外还有固定的视频监控点,用于监控外来人员的情况异动。由于场内只有少量的操作性工作人员,可通过智能头盔+AR眼镜的方式,将猪场内的实时视频,连同每头猪的标签信息回传给远程专家,让专家实时指导现场操作人员进行专业性的操作。以上各种应用,都需要利用到5G的高带宽、低时延特性。

物联网环控系统：由于要实现无人养猪场，因此需要通过大量的环境控制物联网设备来减少人工的干预和工作量。无人养猪场内设置了各种摄像头、智能水表、温湿度传感器等物联网设备，一旦环境出现异常，场内就会启动自动控制装置，同时开启声光警报器。场内的数据会回传到养猪物联网云平台，必要时云平台会进行远程控制养猪场内的各种异动，甚至会派出工作人员到现场。

智能饲喂系统：应用智能饲喂系统目的是减少人工对猪栏的干预，从而减少疫情暴发的概率。系统包含定时下料、曲线饲喂、数据联网，远程控制管理，减少对人的依赖性，节省人工；精确给料，提高饲料利用率，减少饲料浪费，节省饲料5%～10%；定时分餐、支持每天13次分餐饲喂，保障猪膘的均匀；饲喂系统安装使用方便，支持设备、手机小程序、云平台三通道控制。

4.3.2　数智化牲畜远程放牧

畜牧业除了养猪行业以外，还有禽类（鸡、鸭、鹅、鸽子等）、羊、牛等养殖行业，对于禽类来说，由于单价太低，采用信息化手段进行管理的成本太高，目前只能通过一些简单的无源标签进行禽类养殖管理，手段较为单一。就牛、羊养殖行业而言，放养的畜牧方式占有一定比重，由于一些牧场地广人稀，且羊和牛的单价又比较高，所以经常出现牛、羊丢失的情况。因此，如图4-8所示，采用一些耳标、项圈等物联网定位设备+物联网平台方式，可以有效地解决目前牧民的散养、放养畜牧被偷盗、丢失的问题。

羊和牛的智能项圈、耳标可通过自带电池、太阳能充电的方式，续航一年以上；标签内除了可以存储牲畜的个体档案信息外，还能测试牲畜的体温,提供定位信息,一旦牲畜出现体温异常、定位异常等情况,物联网设备会直接向后台告警。

图 4-8　数智化牲畜定位设备及系统

牧民可以通过手机 APP 实时查看牲畜的位置,自建围栏,异常报警可立即推送;牲畜的基本信息、健康信息、发情信息、配种信息等都可以通过手机 APP 查看,一键控制监控设备,实时监控牲畜生长环境。

4.3.3　不脏不累,河源紫金县无人养猪场来了

传统认为,养猪行业是"又脏又累"的行业,位于广东河源紫金县的一处生猪养猪场却打破了人们的固有认知。这座养猪场是 2021 年新建成的一座无人养猪场。要让猪生长发育最快、饲料消耗最低、不容易生病,猪舍需要保持 20℃～24℃的适宜温度,湿度也不能超过 70%。与其他养猪场不同,这家养猪场内安装了智能分析管控系统,人无须进入猪舍,便可采集温度、湿度、二氧化碳、氨气等参数,系统自动调控通风量,使猪舍自动调整温、湿度和空气质量,满足猪的生产、生长。

该养猪场周边建设了一个5G基站,通过5G专网的边缘计算、超级上行及网络服务能力,将云—边—网—端实现全息数字化虚实映射,综合采用人工智能、物联网、大数据等技术,集环境感知、动态决策、行为控制和自动报警装置于一体。该养猪场最早对于数据的需求仅仅用于对比,2021年无人养猪场完全建成投入使用后,企业对数据的需求越来越多,比如分析哪个舍的养殖成绩更好。该养猪场落地了猪脸识别、物理传感、红外热成像、卷积神经网络等应用,实时获取猪只健康状态、体尺体重、饮食、体温、料肉转换等养殖过程信息数据,为市场竞争提供决策。

另外,由于采用了最新的无人养猪场物联网和自动化设备,该养猪场彻底改变了人们认为养猪场"又脏又臭"的刻板印象,养猪场内园林、绿化工作良好。在这里,每一头猪从出生开始就进行身份认证,喂料、喂水、通风、保温、粪便处理都是全自动操作,场区还专门安装除臭设备对臭气进行"净化"。即便是在炎热的天气,猪舍里装有负压风机和湿帘等设备,温度能精准控制在体感温度20℃左右,让猪保持最佳生长状态。所有动态数据都通过养殖集团信息化智能分析管控系统进行采集、传输和分析,实时监控猪舍环境和生猪的生存状况,对养殖生产管理进行有效指导。管理员通过一台电脑、一部手机,就能实时掌握养殖场的环境信息,及时获取异常报警信息,并远程控制相应设备。

数智化无人养猪场既提高了生产效率,也降低了人员接触带来的疫病传播风险,保证养殖环境处于最优状态。

第 5 章

数智化农产品加工：
第二产业振兴

在漫长的人类农业历史当中,人类长期通过农业向大自然索取财富,即主要从事农业生产活动,产业经济学将农业归为第一产业。进入工业社会后,对第一产业的产品进行加工制造生产,成为社会主要的经济活动,产业经济学把这种活动称为第二产业。

传统认为,农民从事农业产业,就是狭义上指农业生产,实际上就是指农业的第一产业。但农村第一、第二、第三产业割裂的局面长期持续,农民收入增长的渠道极为有限,如果要把农民限制在农业生产上,那么农民的收入永远也无法提高,农民也只能成为依附在土地上的劳动力而已。传统上第二产业是指工业,包含制造业、采矿业、加工业等行业,而农业领域的第二产业一般以农产品的冷链、加工、仓储为主。当然,实际上农村第二产业也应当包含采矿业、水电站、建筑业等除了农产品加工以外的第二产业经济形态,但本章我们主要还是聚焦于农产品的第二产业数智化模式,其他的第二产业模式,我们将在后面的章节通过生态和组织的数智化振兴进一步讨论。

随着我国农村改革的不断深化,合理调整农村产业结构已经关系到乡村振兴中的产业是否能真正实现兴旺,只有在农村发展第一、第二、第三产业的融合,才能真正实现乡村的产业振兴。

5.1 数智化冷链仓储

有数据显示,目前我国农产品由于缺乏冷链仓储等设施,导致在田头采摘阶段,农产品的损耗率在30%左右,这无疑是很大一笔浪费,也打击了农民的生产积极性。2021年2月中央一号文件提出了"十四五"时期,全面促进农村消费,加快完善县乡村三级农村物流体系,加快实施农产品仓储保鲜冷链物流设施建设工程,推进田头小型仓储保鲜冷链设施。把乡村建设摆在社会主义现代化建设的重要位置,加快农业农村现代化,促进农业高质高效、乡村宜居宜业、农民富裕富足。另外,在2020年6月国家发改委等12部门联合发布的《关于进一步优化发展环境促进生鲜农产品流通的实施意见》中,为进一步优化发展环境,解决生鲜农产品流通领域制约企业尤其是民营企业发展的突出问题,促进生鲜农产品流通业健康发展,在降低企业经营成本、加大金融支持力度等五方面提出了共计12条实施意见,促进生鲜农产品流通业务健康发展。在实施意见发布后,国家交通部、工信部、农业农村部也都各自出台了支持仓储保鲜冷链的政策,打破生鲜农产品的流通制约条件。

目前我国生鲜农产品与发达国家相比存在明显的差距,导致我国水果等农产品损耗巨大,品牌化运营困难,且无法异地高价销售,农民无法增收。目前我国生鲜冷链产业存在以下六个问题急需要通过数智化手段进行解决:信息采集设备覆盖不全面,无法收集到所有冷库的全部数据;采集系统内容操作较复杂,农户普遍反馈体验感受差;整个采集系统功能单一,没能给农户带来相应增值收益;冷库技术水平较低,能耗较大,自动化控制水平低；冷库利用率偏低、产出少，整体利润水平低；冷库运营管理水平低，品牌化建设不完善，盈利渠道单一，缺乏竞争优势。

仓储冷链是我国经济发展中的必然产物，冷库是冷链的重要节点，在 5G、物联网、大数据等科技的带动下，冷库在未来的发展中，必然向高速自动化、差异化、智能化的方向发展，提升至较高的科技领域。提供更快速地收集、分析、存储、共享和集成异构数据的能力和高级分析方法，数智化将极大地提高对冷链以上六个问题的解决能力。

5.1.1 数智化全程冷链

要解决目前无法实现端到端冷链的全程监控痛点，需要通过政府和行业共同制定冷链行业体系及数据规范，从而形成整个数智化冷链的数据行业标准。数智化冷链应用层主要分为三个部分：冷链物联网监控系统、数智冷链大数据平台、冷链全程溯源系统，如图 5-1 所示，这三部分的系统及平台大致的功能如下。

冷链物联网监控系统： 目前，冷链仓储最缺乏的是运用技术手段全程监控农产品的端到端过程。农产品从出产到入库预冷，再到物流运输，最终到达消费者手上，生产者和消费者都无法清晰知道冷链全过程是否有温度的变化，特别是农产品是否经历了诱发变质的环境。

应用冷链物联网设备监控冷链全过程的温度变化，目前是最有效的冷链全程数智化解决方案。首先，如图 5-2 所示，冷链的物联网标签设备，可以布放在冷库的各个关键角落，也可以放置在冷链运输的物流车辆上，而多功能冷链传感器可以放置在关键的农产品包装外壳上，物联网数据通过无线路由经 5G 基站回传

第5章 数智化农产品加工：第二产业振兴

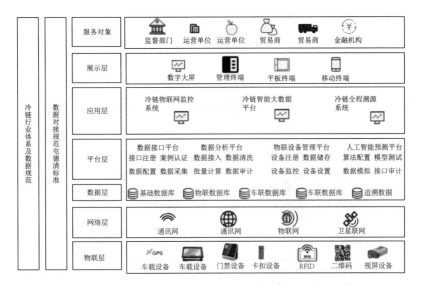

图 5-1 数智化全程冷链架构示意图

到冷链物联网监控系统。该系统可以全程监控农产品的温度变化，可以设置一定的冷链异常时间告警阈值，一旦出现农产品脱离了冷链的温度环境达到某个时间段，系统将会强制告知这批农产品货物无法达到冷链要求，从而可建议仓储、物流方对农产品进行报废处理。

采用物联网方式全程监控冷链的最大困难是冷链物联网设备的成本仍比较高，无法达到"一物一码"的对应状态。因此，要将所有农产品都纳入冷链物联网未来还应具备两个条件，一个是农产品的品牌化让商品单价提高，第二个是冷链物联网设备规模化后成本降低。

数智冷链大数据平台：数智冷链大数据平台，汇聚不同区域的仓储、冷链、物流车辆各种物联网数据信息，包括温度、湿度、二氧化碳等，基于数据采集、数据建模、数据集成、数据服务、数据管控和可视化，展示不同区域冷库和农产品现状，为掌握当前冷库发展实际情况和规划提供参考和指导。

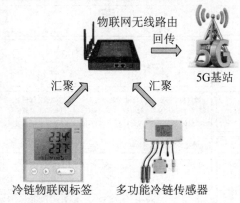

图 5-2　冷链标签和传感器可通过 5G 实时回传数据

在数智冷链大数据平台，管理人员可以通过电脑端和手机端，实时获得各个仓库、物流车辆的环境变化、设备运行情况、设施状况、仓库的空间使用情况、农产品的状态、冷库的安防、冷库和物流车辆的位置等信息。平台还可以运用人工智能等技术，对海量数据进行智能判断，对于出现异常的冷库和物流车辆进行告警提示、远程操控，甚至人工现场干预，确保冷链的端到端安全。平台的一些主要设备运行功能大致有以下 5 个。

温湿度达标率。平台记录每日冷链仓库的温湿度数据，计算出冷库及各冷库间的温湿度达标率，可自行设定达标规定值，低于该值将标红，并推送消息提醒用户及时查找原因。

库门开关统计。系统可以采集统计门的开关信号，按冷间统计门的开启时差和次数，用柱形图和曲线图相结合的形式展示每个冷间每扇门的使用情况，统计超时开启的库门，有利于改善冷库的运营管理。

告警统计。监测冷库报警信息，按报警等级、制冷系统和冷间分别统计，满足各类用户的查询需求。报警列表可诊断故障详情，根据采集的数据诊断故障具体原因及相应解决措施。

能耗统计。采集各项电表信息，统计冷库用电量，分别按面积和冷风机运行时长计算各冷库能耗，异常能耗标红，并给出可能导致能耗异常的推荐原因，以曲线的形式纵向对比冷库及各冷库的能耗情况。

设备运行时长统计。采集制冷系统设备、环境监测设备的运行情况，以图表按天、周、月统计运行时长，图表和数据相结合，提醒用户关注异常运行的原因。

容量统计。包括农产品出入库统计、价格、种类、去向等，结合数据，呈现农产品库存、台账、容量等情况，有助于农户/租户及时掌握冷库使用情况。

冷链全程溯源系统：冷链全程溯源系统综合运用了多种网络技术、条码识别等前沿技术，具有生产企业（基地等）、农产品生产档案（产地环境、生产流程、质量检测）管理、检测数据（企业自检、检测中心抽检）管理、条形码标签设计和打印、基于网站和手机短信平台的质量安全溯源等功能。用户可以通过扫描农产品的二维码，获取农产品从生产到冷链的全程溯源信息，包括冷链仓储、物流、商场冷库等全环节端到端数据信息，为政府部门提供监督、管理、支持和决策的依据，为农产品建立包含生产、物流、销售的可信流通体系。

5.1.2 数智化共享冷库

虽然目前国家和各级政府正在大力补贴和投资建设冷链仓库，但是由于水果、海鲜等生鲜农产品存在明显的季节性，导致目前大量投入的冷链设施经常处于供需不平衡的状态。如图 5-3 所示，对于冷库租赁需求方来说，由于农产品产销信息不对称，价格波动较大，因此需要及早找到冷库资源入库，以确保农产品质量；对于冷链服务企业来说，大多以合作社、家庭农场自建自用为主，单一规模不大，农产品集中上市期间，通常库容不能满足需求，而其他时间冷库资源又处于大量闲置状态；对于政府来说，由于冷库产业数字化程度低，跨区域调度能力弱，急需掌握在田、在库农产品、市场需求等全产业链信息，减少农产品损耗浪费，延长销售期，推动错峰销售，提高农民收入。

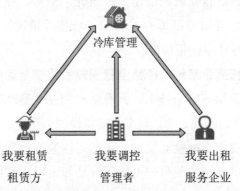

图 5-3　共享冷库资源的三方需求需要通过数智化手段匹配

由于政府和供需三方区域内产量、库存信息不匹配，大年时库容不足导致烂田风险，小年时库容大量闲置；区域间冷库容量不平衡，信息不畅通。因此，急需在区域内建立一套政府、需求方、冷链服务企业三方的冷链资源共享服务平台来解决目前供需不匹配、政府无法有效管理等问题。

为解决政府管理者、租赁方、服务企业三方的冷库管理痛点，有必要建立一套数智化冷库共享平台重塑农产品冷链设施共享利用流程，打通田头、冷库、批发市场、消费者等全流程。通过建立农产品冷链仓储一张图,如图 5-4 所示,实时掌握仓储分布、体量、温区和适宜产品、吞吐、闲置库容等信息,打通数据壁垒。平台大致分为以下三层结构。

数据采集层:通过卫星遥感技术采集农产品生产数据。卫星遥感数据可以结合气象和图层数据,预判农产品产量和成熟时间,根据数据提前预估冷库容量需求,为冷库调度提供决策依据。另外,结合网络爬虫、电商、批发市场等销售数据,让冷库容量获得出口的精确数据,进一步匹配容量。

数据管理层:结合数据采集层的卫星遥感、电商销售、库存容量等数据,通过大数据、云计算等技术,对农产品产量数据、冷库进销存数据进行实时分析运算。同时,匹配冷库技术地理位置和容量数据,实时对区域内冷库进行调度。

数据应用层:基于数据采集层和数据管理层的应用数据,通过数智化冷库共享平台提供各种应用,包括冷库租赁管理应用、应急调度应用、农产品订单管理应用、冷库地理位置管理应用、冷链资源分析应用等。

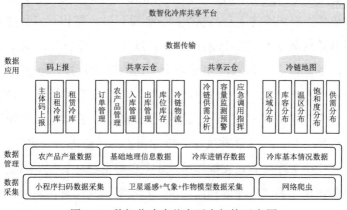

图 5-4 数智化冷库共享平台架构示意图

数智化冷库共享平台最终要建立一套农产品冷链应用标准体系，提升政府部门的预警、分析、调度功能，同时匹配冷库供需方的实时需求，提升冷库利用率。

5.1.3 数智化田头小站为高州"荔"保鲜护航

广东省茂名地区是全国最大的水果生产基地，世界最大的荔枝生产基地，全市水果种植面积达430多万亩，其中荔枝面积176.57万亩，约等于中国以外世界各国荔枝种植面积的总和，荔枝年总产量占全国25%，占全球20%。茂名地区的高州市种植面积达72万亩，成为广东荔枝的主产区，是名副其实的荔枝之乡。高州种植荔枝的历史悠久，至今已有两千多年的历史。在唐朝，高州荔枝已成为朝廷贡品，高州根子镇柏桥村有一个老荔枝园叫贡园，唐朝进贡给杨贵妃的荔枝就出自该园。

荔枝保鲜难是行业共识。正如《荔枝图序》中所言，"一日而色变，二日而香变，三日而味变，四五日外，色香味尽去矣"。要保证荔枝从田间到餐桌的新鲜，须赖于完善的冷链物流。真正成熟的冷链是指冷藏冷冻类食品从生产、贮藏运输、销售到消费前的各个环节始终处于规定的低温环境下，以保证食品质量，减少食品损耗。目前，大多数农产品还处于"伪冷链"阶段，很多产区冷链物流"最先一公里"的难题尚未破解。"最先一公里"并不是指某一个环节，荔枝采摘后的预冷、分级、加工、包装及仓储等环节至移交物流运输之前统称为冷链物流的"最先一公里"。

要让田头冷库真正发挥作用，还要做好信息化管理。纵观全省冷库企业和绝大部分冷链物流企业，都没有建立信息化系统，无法做到精细化、智能化管理，冷链物流的质量和效率低。行业缺乏公用型、社会化服务的冷链物流信息综合平台,而农产品生产者以分散的小农户为主,销售者与农户之间的信息连接难度大、成本高、效率低。

田头小站不仅是站点,背后更有一套信息化管理系统——田头小站数据中心。该系统内含荔枝大数据、冷库资讯、产销对接、商机日报、数字农技、创业培训、经营服务、直播天地、政策要闻九大模块,兼容仓储保鲜、加工包装、直播电商、区域农业数据收集发布、新技术示范推广、新农人创业实训孵化、市场集散、农业金融保险对接、农业生产经营信息(土地流转、农技农机农资信息)发布对接、农村政策法规宣传十大功能。

在田头小站数据中心,人们不仅可以查看全省荔枝种植情况、品种情况、销售进展,还可以了解对全省冷库系统的系统介绍,不管是想租冷库,还是想招租,都可以在平台上快速对接。广东省农业技术推广部门依托田头小站综合展示系统,推出了线上农技学习平台,让农民足不出户就可以学习到荔枝生产加工的操作要点。数字化、网络化、平台化、生态化建设营运的田头仓储冷链物流体系将成为农业农村服务新载体。

图 5-5　茂名尝试整合生产、田头小站、销售、冷链等数据形成荔枝大数据平台

田头小站不同于传统冷库，可以满足荔枝产地加工处理的多元化需求。田头小站除了预冷，还能实现温度自动调控，这样就可以满足多种农产品冷藏需求，荔枝、火龙果、菠萝、柚子等大部分果蔬可通用，一库多用，增加了田头冷库的使用时间，降低了闲置率。冷链车也是田头小站的重要组成部分，承担着移动冷库和冷链运输的责任。冷链车仓储空间更小，使用也更灵活。有了冷链车，荔枝在运输过程中，无论装卸搬运、变更运输方式等，荔枝始终处在低温状态。可以说，茂名高州的数智化田头小站成功解决了农产品"最先一公里"问题。

5.2　数智化加工

由于我国农村人口的外流以及人口老龄化问题，过去农产品通过人力进行采摘和加工的方式已经不再适合我国农村未来第二产业的发展趋势。根据中央农业部《数字农业农村发展规划（2019—2025年）》中提出，要强化战略性前沿性技术超前布局。面向世界科技前沿、国家重大需求和数字农业农村发展重点领域，制定数字农业技术发展路线图，重点突破数字农业农村领域基础技术、通用技术，超前布局前沿技术、颠覆性技术。建立长期任务委托和阶段性任务动态调整相结合的科技创新支持机制，加强农产品柔性加工、人工智能、虚拟现实、大数据认知分析等新技术基础研发和前沿布局，形成一系列数字农业战略技术储备和产品储备。积极开展5G技术在农业领域的应用研究，建立健全5G引领的智慧农业技术体系。为提升生产经营决策科学化水平，引导市场预期，依托技术实力雄厚、处于行业领先和主导地位的机构,建设全产业链大数据,建立生产、加工、储运、销售、消费、贸易等环节的数据清洗挖掘和分析服务模型,健全重要农产品市场和产业损害监测预警体系,开发提供生产情况、市场价格、供需平衡等服务产品。

5.2.1　数智化自动采摘

未来随着人口老龄化的加剧和人工成本的增加,利用5G低时延、高带宽的特性,实现自动化采摘功能将成为趋势。自动化采摘机器人的基本原理,为用彩色摄像头和图像处理卡组成的视觉系统寻找和识别成熟果实,然后用橡胶手指和吸嘴的末端执行器把果实吸住抓进后,利用机械手的腕关节把果实拧下来,从而达到不损伤果实的采摘目的。数智化自动采摘技术运用了以下五个基本技术及部件。

激光扫描测距技术:利用激光在物体表面的逐点扫描,根据各点反射的信息判别物体的形状及空间。

移动结构:车轮式是应用最广泛的自动采摘移动技术,车轮的行走机构转弯半径小、转向灵活,适用于大多数农田地面移动状况。

机械手技术:自动采摘机器人最核心的任务就是移动到可采摘区域时,通过具有和人手臂相似动作、功能的机械装置,完成空间内移动机械的采摘动作。

识别和定位系统:果实的识别和定位是果实采摘机械人的首要任务和设计难点,需要利用多传感器、多信息融合技术来增强环境的感知识别能力,并利用瓜果的形状来识别和定位果实。

末端执行器:由其直接对水果进行操作,需要根据各种不同的标准,以便剔除劣果确保水果质量,是果树收获机器人的另一重要部件。

5.2.2 数智化农产品加工

数智化农产品加工工厂大规模数据采集旨在为企业提供设备透明化、人员透明化、工业透明化的生产管理手段。通过5G专网和工业互联网设备可实现对制造企业生产全流程制造资源数据的采集与传输,包括在制产品、加工设备、测试设备、工装工具、人员、环境、用能、仓储等,为透明加工厂的实现提供基础。如图5-6所示,数智化农产品加工工厂一般分为以下四个应用系统部分。

图5-6 数智化农产品加工系统架构示意图

设备数据采集系统：通过农产品加工厂的物联网、工业设备采集所有的设备状态、各轴坐标、厂房温度等,可通过5G专网将边缘计算技术引入厂房控制器,用于控制、收集和分析网络边缘的数据,对数据进行深度学习,优化生产模式,可全面、快速了解现场生产的整体运行状况,以便实现快速处理现场生产异常问题和执行管理决策。

机器人视觉质检系统：机器视觉即利用机器代替人眼来做出各种测量和判断，目前被广泛应用于各行业的生产活动中，助力提高生产效率和生产的自动化程度，提升产品的质量和成品率。对于农产品来说，机器人视觉质检技术可以无损地检测出农产品的大小、成熟度、糖分高低、有无虫害等品质，进而通过分拣系统挑选质优的农产品，实现"质优价优"。

AR 辅助系统：通过对点检顺序的规划，配合图像、物联网传感器数据的采集与展示分析，在提升点检准确率、效率的同时，实现对点检设备数据的数字化记录，为后续农产品溯源提供准确信息。AR 辅助系统还能解决专家远程接入辅助现场的问题，比如水果病虫害处理、猪瘟判断等。

AVG 机器人管理系统：AVG（Automated Guided Vehicle，自动指引车），指装备有电磁或光学等自动导航装置，能够沿规定的导航路径行驶，具有安全保护以及各种移载功能的运输车。在农产品加工工厂可运用在农产品搬运、无人加工等场景领域。利用 5G 专网可通过云化 AGV 实现多车协同，降低运维成本，有效解决传统 AGV 由于网络时延和导航方式不足带来的路线固定、频繁维护、布设成本较高等痛点。目前，AVG 国产品牌市场占有率接近 90%，大部分 AGV 厂家提供包括终端、平台及应用的全套解决方案，能与我国 5G 形成良好的一体化方案效果。

5.2.3　5G 农业让大埔县蜜柚的"致富树"结出"黄金果"

走进广东省梅州市大埔县农业科技馆，宛若置身于现代农业的大世界。农用无人机智慧灌溉、大埔蜜柚产业园 VR 沉浸式体验区、柚林土壤参数智慧监测系统、机器人智慧采摘与智慧分拣展项……随着 5G 时代的来临，农业的智能化加速发展。

图 5-7　大埔蜜柚大数据平台"种、管、采、卖"方面实现数智化

5G+ 农业大数据平台由大埔县人民政府和中国移动梅州分公司合作建设。该平台充分发挥 5G 和大数据能力，引进智能灌溉、智能采摘机器人、无人机、巡护机器人等智能化设备，在"种、管、采、卖"方面实现智能化、精准化运作，有效提升农产品品质和品牌影响力。

手指轻轻点击，大埔蜜柚产业一张图便完整地投射在大埔县农业科技馆显示大屏中，据中国移动梅州分公司相关负责人丘庆裕介绍，通过农业大数据平台，能够实时分析、分享种植园的地力、肥力、土壤干湿度、果树不同生产时期的信息，提高农作物的种植精准度；在采摘阶段，智能采摘机器人还可以根据果园、果树、果实的糖分、水分、农药残留等进行差异化、精准化采摘和分档，实现智能化管理。

大埔已成为广东省最大的蜜柚种植县和中国最大的红肉蜜柚种植基地，2020 年，全县蜜柚种植面积已达 21.9 万亩，产量达 32 万吨。2020 年销售季，广东梅州柚"12221"市场营销攻坚战战绩显赫，广东梅州柚·大埔蜜柚地头价同比提高 0.5 元 / 公斤，广东梅州柚·大埔蜜柚已成为名副其实的"黄金果""致富树"。

在湖寮镇密坑村，大埔县规划建设 181 亩蜜柚精品加工创新区。在那里，每年都将有蜜柚鲜果、蜜柚啤酒、蜜柚果干果脯、蜜柚护肤品、蜜柚提炼香精等一系列柚子相关的新产品被研发出来。同时，对蜜柚进行检测分类销售，按柚果精度的高低分为精品果、优质果和统庄果三类，按照对应的价格投放市场，将会比未分选统收价高 200%～600%。分选下来的残、次、裂果，可进行深加工，化废为宝实现全利用。目前，蜜柚精深加工产品主要有蜜柚酱、果汁、果脯、果胶、柚皮苷、精油六个系列 50 多个品种。

2020 世界数字农业大会、第十九届广东种业博览会在广州举行，大埔县的 5G+ 农业大数据平台亮相大会，该平台建设运营得到了充分好评。2021 年大埔县 5G+ 农业大数据项目（二期）计划投资 5000 万元，在已有农业大数据平台基础上，依托 5G、大数据、物联网、人工智能等技术，建成标准化生产流程，完善农产品安全追溯系统。

5.2.4 "中国虾王"的抗疫复产"5G 加速度"

广东湛江国联水产开发股份有限公司创建于 2001 年，专注于水产行业，已发展成为集育苗、工厂化养殖、饲料、海洋食品加工、国内国际贸易、水产科研为一体的全产业链跨国集团企业。该公司旗下的对虾、罗非鱼等系列产品远销海内外，产品遍及全球 40 多个国家和地区，其中对虾出口额位居国内同行业的首位。

从 2019 年开始，国联水产的 5G 智能水产工厂项目陆续投产，总占地面积超过 20 万平方米。食品智造、自动化和信息化是 5G

智能水产工厂的三个亮点，通过它公司将实现由水产加工到"中央厨房"的转型升级。该项目导入工业4.0的设计理念，引进世界先进的自动化智能化生产设备，可实现50%以上中控操作和数据自动采集。

5G智能水产工厂引进了先进的美国自动剥虾系统及剥虾设备、瑞典流态化单冻机、荷兰低温蒸煮机、荷兰自动裹粉油炸生产线等设备，使用了贯穿于剥虾、速冻、蒸煮、精深加工、包装、仓储等生产全流程的自动化设备和系统，生产效率得到大幅提升，设计产能增加了2万吨左右。高附加值的精深加工产品和面对消费端小包装产品的比重将明显提升，产品结构进一步优化，产品综合毛利率有望进一步提高。

2020年，在疫情的影响下，大多数劳动密集型生产企业曾经一度大量停工，但是国联水产在原本高度自动化的生产模式基础上，引入5G网络为生产管理的大数据分析提供强有力的技术支撑，为各个生产环节提速增效。产品从入库、包装、检测、冷藏到销售、物流，全是全自动化采集信息，精确到每一单、每一件，无须人力花大量时间和精力去统计，管理层在云平台上动动手指点下鼠标，就可以依照权限调动所需要的数据。即使在疫情最严重的2020年2月，5G智能水产工厂车间到岗工人不到往常的一半，8条生产线只有4条复工，每天也能生产数十吨的水产品，包括虾仁、金鲳鱼、小龙虾、冻罗非鱼片和野生小黄鱼等，这些产品解冻之后即可烹饪，食用非常方便。

国联水产是广东省未来三大5G示范基地之一，在这场数字化技术改革浪潮中，"5G+工业互联网"赋能，"中国虾王"不断以高标准、高质量、高效率推进广东5G数字农业的发展。

第 6 章

数智化农产品品牌营销：第三产业振兴

同第二产业的概念一样,第三产业原本也是工业社会的一种产业分类形式,随着社会生产的迅速提高,出现了为第一次产业和第二次产业服务的商业、金融业以及信息、科研等新兴产业,并正在逐步发展成为社会再生产的重要经济活动部门,产业经济学把它称为第三次产业。随着我国农村改革的不断深化、社会生产力的不断提高和分工分业的纵深发展,除了农业这个基础产业之外,农村电商、农村金融服务、农产品品牌营销等第三次产业服务部门也在逐步形成和发展起来。

农村产业振兴目前存在的最大的问题就是一产、二产、三产无法融合,特别是在传统农业生产方式和市场调节的双重作用下,农民的农产品生产经常处于无序生产状态,农民"增产不增收""丰收伤农"现象在我国时有发生。因此,农产品的营销数智化转型将是农村第三产业振兴的重中之重,通过数智化的销售和品牌策略,从而直接指导农产品的第一产业生产和第二产业的加工,是目前我国必须要突破的一个产业振兴课题。

在可预见的未来,以服务业为主的农村第三产业将会在农村经济产业的比重越来越大,合理调整农村产业结构业已成为关系到农村经济持续、稳定增长的重大问题,引起人们的普遍关注和重视。

6.1 数智化农产品品牌营销

2019年农业农村部发布的《数字农业农村发展规划（2019—2025年）》文件提出，要发展新业态多元化的第三产业服务，鼓励发展众筹农业、定制农业等基于互联网的新业态，创新发展共享农业、云农场等网络经营模式。深化电子商务进农村综合示范，实施"互联网+"农产品出村进城工程，推动人工智能、大数据赋能农村实体店，全面打通农产品线上线下营销通道。

目前，我国农产品销售还是以传统的批发市场为主，大中城市80%以上的鲜活农产品经由农产品批发市场提供。我国农产品交易市场在经历了20多年的高速增长和规模扩张后，现正处于逐步从数量扩张向质量提升转变之中，批发市场的市场硬件等设施也明显有所改善，商品的档次日益提高，市场运行监管逐步规范化。但是，目前我国这种以批发市场为主的农产品营销结构依然存在以下三个方面的问题。

农业生产合作化程度低，无法形成品牌化： 由于我国农业以小农经济为主体，因此在大市场竞争下，各个小农经济主体具有"天生的缺陷"。首先，农业大市场需要整合资金、技术、信息等条件来打造农产品营销品牌，而我国目前的小农经济体来说这些条件都是不足的。农业生产的盲目性、农产品的交易对象过于分散，又会增加市场交易成本，从而进入恶性循环。

农产品销售渠道过于单一： 目前我国农产品销售80%以上都是通过农产品批发市场销售到大、中城市，单一的销售渠道导致农民缺乏对于农产品的定价权，且农产品价格周期波动性过大，这些问题均导致农产品无法通过"优质优价"来提高农民收入，消费者的诉求也不能完全满足。

缺乏农产品质量管理售后体系：农产品通常不是食品就是工业原料，其质量与安全标准非常重要，只有建立一套科学的农产品安全检测体系，才能建立公平、公正的农产品竞争市场，才能建立农产品的高质量品牌体系。

要解决我国目前传统农产品的营销痛点，核心是要打造农产品的品牌体系，而如果要形成农产品的品牌，一方面是要通过政治体制改革和政府投资方式，改变目前我国小农经济的状态，整合各地优势农产品，形成优势产业园统一打造农产品品牌体系；有了品牌体系之后，可以应用5G、大数据等技术，以数智化方式改造目前农产品批发市场，并且拓展电商、网红直播、社区分销等营销渠道，减少消费者和农产品生产者的中间渠道；在品牌的加持下，农产品主体应向消费者提供一套数智化的质量监管售后体系，让消费者通过手机就可以获知农产品的安全生产信息。只有建立高品质的品牌农产品营销体系，才能真正实现农产品的"优质优价"，进而真正让农民增收，让消费者获利。

6.1.1 数智化农贸市场

如本章上文所述，农产品80%以上的销售要经过农产品批发市场/农贸市场，随着年轻消费群体的逐渐成熟，消费者对市场信息数据透明化要求升级，对市场价格、食品安全、服务质量提出了更高的要求。同时消费群年轻化，线上消费习惯已经培养得十分成熟，电商化会员运营已经成为农贸市场的必然发展趋势。而对于农贸市场经营者来说，经营者的角色已经不再是单纯的租赁和物业管理，现在的市场经营者需要肩负线上线下统一运营管理、供应链资源整合、消费者服务和食品安全监管的职责。

在此背景下，面向升级改造中的农贸市场推出数智化农贸解决方案，借助5G和云、大数据模式易扩展、易维护、高安全的特点，打造符合当前中国农贸市场需求的一体化解决方案，从提高效率、提升档次、会员运营三个角度为农贸市场管理者提供省心省力、功能全面、性价比高的技术支撑和过硬的服务保障。

数智化农贸市场主要通过改造农贸市场原有的收费终端、重量秤、价格公告板等传统的农贸设备，通过5G、云计算、人工智能等技术，让农贸设备具备数智化功能，并加入市场的视频场内监控、管理巡检仪、食品安全检测仪等智能化设备，为市场提供市场管理、零售管理、商品管理、顾客管理等应用子系统，同步打通线下农贸市场和线上电商交易两大核心销售渠道，满足新一代年轻消费者的新观念诉求。如图6-1所示，数智化农贸市场由四个应用系统组成。

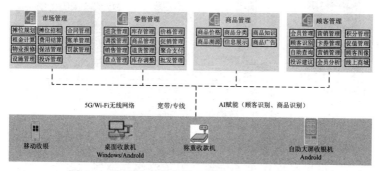

图6-1 数智化农贸市场一体化解决方案示意图

农贸市场管理系统：系统提供摊位出租管理、合同管理、费用结算、电子账单等线上数字化流程服务，自动计算账单并以电子账单方式发送给商户，让市场管理流程线上化、流程化、公开化。系统提供实时的招商租赁信息，可实时查询市场的经营状态，通过大数据平台和分析报告一目了然地获知市场的实时动态和异常状况。系统还提供可视化的市场摊位落位图，摊位的租赁和销售情况数据可以指导经营决策和租金调整。另外，与系统配套的还有在农贸市场核心位置放置的市场大数据大屏和消费者自助终端，可方便商户和消费者自助查询物价信息、店铺信息、会员查询、溯源、农残等大数据服务；

农贸零售管理系统：系统可根据需求提供零售方多级分级账号管理服务，包括销售提成、成本结算等均可线上自动结算。系统提供商品的进货、库存、价格、调度等管理服务，通过支持多种专业桌台收款设备、移动手持设备、智能自助设备等，如图 6-2 所示，实现商品零售的进销存智能管理。另外，系统还可提供客户的会员管理服务，支持支付宝、微信、银联等多种网上支付手段。

| 称重一体收银机 | 自助收银台 | 智能结算台 | 数智农贸大屏 |

图 6-2　数智化农贸市场终端及大屏

农贸商品管理系统：系统结合了二维码、电子标签等技术，商品信息可以呈现在电子价签、收款终端、消费大屏上，商户可维护商品的照片、广告、商品价格等信息，以丰富消费者的购买体验。系统可接入各级政府的农产品追溯平台，通过电子价标二维码的方式为消费者提供农产品追溯查询服务，并且系统将纸质小票和电子小票结合二维码提供追溯查询服务。系统还配套产品检测终端，提供农药残留检测、病毒肉类检测等服务，在为消费者提供安心服务的同时，也免去了摊主自行检测的成本。

农贸顾客管理系统：会员管理是将传统线下农贸市场与线上电商平台相结合的重要环节，系统提供小程序会员一键注册服务，包含会员权益管理、在线储值、积分、优惠券等精准营销服务。系统还提供线上商城服务，让顾客可以在线上下单，农贸市场线下发货，配送到家服务。

6.1.2　数智化直播电商入村

传统农产品销售最大的问题是把消费者和生产者割裂开来，由于各种信息的不对称，导致我国大量优质农产品无法被消费者获知，从而不能卖出差异化的农产品价格。直播电商近年来的兴起，解决了很大一部分生产消费信息不对称的问题。直播电商主要的优势有以下三个。

强大传播力：基于近年来电商平台的发展，电商直播越来越获得了大家的信任，良好的互动性吸引了更多人选择了打开手机上的软件进行选购。基于庞大的用户群体，直播电商拥有了越来越广泛的影响力，直播电商正在逐步替代传统媒体和电商成为新主流。

获得消费者信任：直播主播通常具备良好的亲和力，直播场地可以选在农产品的原产地，主播可以结合地理环境带观众参观农产品的栽种、收割、打包等流程，让观众身临其境，买得放心，进而增强观众的信任感，并促进他们的购买欲望。

减少中间商差价：传统农产品只能通过批发中间商进行销售，直播电商打通了价格壁垒，直接触及供应链上游，缩短了不必要的供应环节,降低流通成本,因而可以获得更低的进货成本。此外,直播电商可以将优质的农产品卖出优质的价格,解决了批发商不同质同价的传统销售缺点,直接提升农民的收入。

通过 5G 高带宽、低时延的特性,除了一般的手机直播方式外,数智化直播还能采用更丰富的直播互动手段,包括使用 5G+4K+VR 的直播方式,结合子弹时间、多机位立体拍摄技术,可以在户外直播农村的庆典节日、丰收节等活动,同时也可以通过 5G 直播间在室内介绍特色农产品。还可以通过云游戏的直播互动方式,与粉丝互动模拟农业生产、农技装备操作等多视角操作,增加直播的趣味性,提升顾客消费欲望;其他直播互动方式还有线上剧场、线上秀场、IMAX 巨幕影院等,通过精良的内容制作,配合农产品直播提升销售额。

如图 6-3 所示,直播电商入村方案包含"1 中心 +2 个站",结合 5G 及边缘云技术,提高直播的实时性,同时还可以通过无线和有线的方式进行直播的网络融合,保障直播网络的稳定性。直播电商入村"1 中心 +2 个站"的方案构成如下。

直播产业分析中心:通过建立一个直播的大数据中心,对整个村域的特色产业进行展示,分析特色产业的发展趋势,并展示村域的各种直播实时数据,包括互联网关注度、农产品电商销售量、实时直播观看人数等,通过这些互联网 + 产业的数据来指导村直播产业的发展。

村直播服务站:通过服务的方式,为村建立一个直播服务站,站内配备直播一体机、补光灯、麦克风、绿幕等直播的基本设施,村民可以根据需求交纳服务费以获得站点的业务支撑。

村电商帮扶站:要建立农村的直播电商产业,人才的培养是必不可少的,因此要建立一整套的电商帮扶站点,里面配备实训的设置，同时支持远程课堂的方式，让优秀的网红和电商服务人员对村民进行手把手的直播培训。

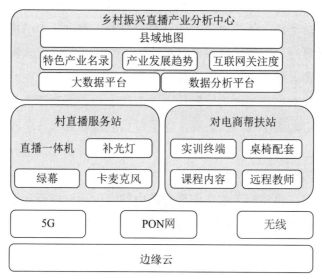

图 6-3　数智化电商入村架构示意图

6.1.3　数智化产销一体云店

对于农产品来说，打通一、二、三产业壁垒，实现产销一体化，是农业的老大难题，需要政府和社会力量共同解决。目前我国农产品存在严重的产销信息不对称现象：一方面，对于农产品生产者来说，盲目生产是常态，很多农民只顾生产，却无法解决销路问题，因此经常出现"丰收伤农"现象，无法通过"优质优价"的方式销售；而另外一方面，对于消费者来说，随着消费升级，人民对于美好生活的期待不断提高，对于优质农产品的需求逐渐增加，但是由于认知度不足，且市场上又缺乏优质农产品的销售渠道，因此很难以较高的性价比购买到优质农产品。

传统电商平台只是将农产品上架，等消费者来购买，消费者无法判断农产品的产地和质量信息。如图 6-4 所示，数智化云店提供的是产销一体化服务，通过对空气温、湿度、土壤墒情、空气质量等进行监测的物联网设备，加上卫星遥感、无人机监测，可让消费者远程直接对农产品的生产基地进行可视化观察，农产品的生长数据、产地定位等均可在云店小程序上进行查看。消费者在云店购买了农产品之后，除了可以追踪物流和订单等信息之外，还能在收到农产品后，通过小程序扫码对农产品进行溯源，保障了消费者的购买信心。同时对于农企来说，云店平台除了展示农产品，也减少了大电商平台的中间费用，这样既让消费者购买到优质的农产品，也让农民提升了销售收入。

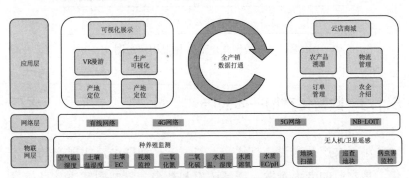

图 6-4　数智化产销一体云店架构示意图

6.1.4　徐闻政府搭台，菠萝妹妹唱出了直播带货的好戏

广东省湛江市徐闻县已有近百年的菠萝种植历史，是中国的菠萝之乡，形成了连片 35 万亩、年产量 70 万吨的"菠萝的海"。徐闻菠萝产量占全国菠萝产量的 30% 左右，但是对于徐闻县政府

和当地农户来说,这却成了摆在他们面前的一个难题,因为菠萝的产量巨大,且保鲜周期短,所以长期以来当地的菠萝只能在本省,甚至只能在湛江周边地市销售。每年到了菠萝丰收的季节,菠萝的"采购价创新低"、菠萝在"地里无人采摘"这样的新闻时常出现在报刊电视新闻里。

2020年1月,广东省农业农村厅印发《关于扎实推进2020年全省"12221"农产品市场体系建设工作的通知》,《通知》中的市场体系建设指的是:建立"1"个农产品的大数据,以大数据指导生产、引领销售;组建销区采购商和培养产区经纪人"2"支队伍;拓展销区和产区"2"大市场;策划采购商走进产区和农产品走进大市场"2"场活动;实现品牌打造、销量提升、市场引导、品种改良、农民致富等"1"揽子目标。

为响应省厅通知精神,同时面对2020年疫情带来的挑战,徐闻县顺应时势,举办2020网络徐闻菠萝节,探索形成"县长镇长当主播,新电商搭台,农民唱主角"的"徐闻菠萝12221网络采购直通车"。

图6-5 广东"菠萝妹妹"王小颖协助徐闻菠萝直播销售

从小生长在徐闻的王小颖，2016年大学毕业之后就供职于徐闻县广播电视台担任新闻主播，也成为近年来徐闻菠萝文化旅游节、徐闻菠萝产销对接会、徐闻菠萝网络文化节、徐闻菠萝直播销售等系列活动的"指定主播"。久而久之，王小颖被当地人亲切称为"菠萝妹妹"。短短不到两小时的一场直播，竟可以卖出165万斤菠萝，相比于传统的销售渠道，更高效、精准。直播从一场到两场、十场、二十场，在广东省农业农村厅的指导下，王小颖借助广东农产品"12221"市场体系建设构建起的农产品"短视频+直播"营销平台，一次又一次走进广东特色农产品直播间，创造一个又一个喜人的销售成绩。一时间，徐闻县掀起一股全民带货的销售风潮，直播带货成为徐闻菠萝的主要销售模式之一，"菠萝妹妹"王小颖的名声也越来越响：与徐闻七镇镇长搭档直播，40分钟"云销售"280万斤徐闻菠萝；"三八"妇女节，协助徐闻女县长直播带货，销售徐闻菠萝116 000斤；参与徐闻菠萝系列产地直播，销售徐闻菠萝192万斤。

在直播带货的加持下，2020年徐闻菠萝在疫情之下打了一场漂亮的翻身仗，交出一份令人满意的成绩单：据相关数据统计，菠萝主产镇曲界镇仅邮政银行农户存款余额合计12.56亿元，同比增长高达26.68%。徐闻"菠萝妹妹"王小颖的故事也说明了，农产品直播发展的背后，需要有完善的农产品电商支撑服务体系，有稳定的产品质量及供货系统。推荐的农产品必须经得起质量的考验，有完善的采购商和供应链准入标准，实现农产品网络直播经济的可持续发展。

6.1.5 从产地到餐桌的眉县数字猕猴桃打破国产农产品牌天花板

中国是猕猴桃种植面积和产量的第一大国，陕西省眉县猕猴桃种植面积达到 30.2 万亩，2019 年实现总产量 49.5 万吨，鲜果产值 31 亿元，综合产值 52 亿元。猕猴桃产业已经成为县域经济的主导产业，猕猴桃已经成为眉县农民增收致富的"金蛋蛋、银串串"。猕猴桃是中国原产的水果，产量虽大，眉县出产的猕猴桃却缺少能与新西兰"佳沛"所匹配的高端品牌，果品单价更是相差 10 倍以上。2019 年眉县猕猴桃甚至出现滞销现象，消费者只认国外高端猕猴桃，优质的国产猕猴桃却只能烂在地里。

要摆脱这一困境，拥抱数字化成为提升农业品牌价值的唯一路径。通过五年的深耕，大气候农业团队自主研发了物联网硬件和农业 SaaS 系统，并孵化了眉县数字猕猴桃品牌"Sunkiwi 新奇味"。在 Sunkiwi 猕猴桃种植基地，通过农眼智能监测、虫感知、智灌等硬件产品和气候云 AOS 平台，能够精准监测并采集农场基地的气象环境、土壤、虫情、农作物生长、工人作业、农资使用等 20 多项数据；再通过大数据分析、云计算，实现远程监管、农作物长势评估、产量预估、投入品管理、全程可视化溯源等种植基地的全流程数字化管理。在采摘和分拣端，传统仓储形式被以市场 SKU（Stock Keeping Unit，保存库存控制的最小可用单位）规格指导的数字分级仓取代，实现 5 层数字化选果、基地直发全国，延长仓储期的同时减少损耗率，保证消费者手里的产品标准一致、口感一致。

电商及物流产业的发展，让大气候农场这种形式成为优质产区的集成样板，数字化品牌将眉县猕猴桃卖到单颗 14 元，每颗产品都有专属溯源码,直接面向高品质、品牌化的缺口市场。

6.2　数智化金融服务

农村产业要发展,针对农村的保险、银行等金融服务也必须从传统的土地抵押担保方式,向数智化金融服务进行转型。传统的金融服务,无论是保险还是银行,在城市的金融抵押物主要是房地产等实物以及个人征信数据。但是金融服务到了农村之后,由于农村的土地存在拥有者、使用方、规划等多方面的不一致现象,同时农业生产的产值又无法进行量化,导致农民获得保险和银行的金融服务变得无比困难。尽管近几年,在国家的重视下,各大银行向农村发放专用贷款,并遵循一定的考核政策,但从实际执行情况来看,由于农村的各项生产要素无法通过数字进行衡量,因此银行只能通过人力调研的方式开展抵押征信工作,信贷的成本变得奇高无比;而农村主要的劳动力只是一般的低收入农民个体,无法通过个人征信的方式对其进行信贷的发放。

农业农村部发布的《数字农业农村发展规划(2019—2025年)》文件中提出,要推动跨行业、跨领域数据融合和服务拓展,深度开发和利用农业生产、市场交易、农业投入品等数据资源,推广基于大数据的授信、保险和供应链金融等业务模式,创新供求分析、技术推广、产品营销等服务方式。另外,为贯彻落实《中共中央 国务院关于实现巩固拓展脱贫攻坚成果同乡村振兴有效衔接的意见》和《中共中央 国务院关于全面推进乡村振兴加快农业农村现代化的意见》部署要求,切实做好"十四五"期间农村金融服务工作,支持巩固拓展脱贫攻坚成果、持续提升金融服务乡村振兴能力和水平，2021年7月，中国人民银行、中国银行保险监督管理委员会、中国证券监督管理委员会、财政部、农业农村部、国家乡村振兴局联合发布《关于金融支持巩固拓展脱贫攻坚成果全面推进乡村振兴的意见》，从如下所述的三个工作重点采取措施做好与乡村振兴金融服务的有效衔接、统筹谋划。

加大金融资源投入：金融机构要围绕巩固拓展脱贫攻坚成果、加大对国家乡村振兴重点帮扶县的金融资源倾斜、强化对粮食等重要农产品的融资保障、建立健全种业发展融资支持体系、支持构建现代乡村产业体系、增加对农业农村绿色发展的资金投入、研究支持乡村建设行动的有效模式、做好城乡融合发展的综合金融服务八个重点领域，加大金融资源投入。

增强金融产品类型：对原金融精准扶贫产品和金融支农产品、民生领域贷款产品等进行整合优化，以小额信用贷款、产业带动贷款、新型农业经营主体贷款、民生领域贷款、农村资产抵押质押贷款、农业农村基础设施建设贷款、保险产品等十类金融产品为重点，充分发挥信贷、债券、股权、期货、保险等金融子市场合力，增强政策的针对性和可操作性。

强化考核保障机制：对银行业金融机构提升服务能力提出了明确要求，督促银行业金融机构健全农村金融组织体系，改进内部资源配置和政策安排，强化金融科技赋能。明确通过推进农村信用体系建设、改善农村支付服务环境、推动储蓄国债下乡、开展金融知识宣传教育和金融消费者权益保护等，持续完善农村基础金融服务，优化农村金融生态环境；并通过资金支持、财税奖补和风险分担、考核评价和监管约束等措施，强化对银行业金融机构的激励和约束。

针对政策对农村金融服务的支持以及目前存在的痛点，运用数智化手段,将农村的土地资源、农业生产、农产品交易、农业产值等数据进行量化处理,是金融进入农村的唯一有效手段。

6.2.1 数智化农村土地综合金融服务

当前,农村的土地基础信息匮乏,无论是宅基地还是农田信息,均缺乏统一、稳定、全面的数据库,因此缺乏农村土地的基础数据支持政府管理和金融服务。造成土地基础数据缺失主要有以下三个原因。

政府多头管理:农村土地资源相关数据目前在住房和城乡建设部、自然资源部、农业农村部、公安部等部门均有部分存储,各部门多头管理,缺乏数据的一致性和完整性。

土地缺乏有效利用:目前农村集体建设用地存在大量闲置的情况,并且由于农村人口外出务工等原因造成土地所有权、使用权、资格权"三权分置",或者存在私自改变土地使用性质的问题,严重影响了土地使用的规范性。

土地管理制度不完善:由于土地流转制度的推进才刚开始,农村土地的申请、审批、流转、退出、继承、违法查处等管理制度尚不完善,造成农村土地管理权属不清、流转无序等情况时有发生。

因此,如图6-6所示,要通过农村土地引入金融服务,就必须要在农村建立"1+1+N",即一套农村土地统计调查规范和制度、一个完整的农村土地基础数据库以及根据数据库开放给不同层级政府和金融服务企业的N个层级的农村土地管理子系统/业务模块。

第6章 数智化农产品品牌营销：第三产业振兴 | 127

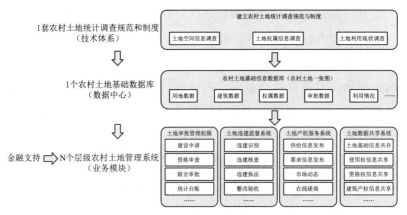

图6-6 农村土地"1+1+N"数智化综合金融服务示意图

要建立农村土地数据库，首先要通过低成本的技术手段来完善农村的土地数据，并且保障数据的一致性。从目前的土地数据现状来看，可以从以下三个方面来获取完整的数据。

与已有的农村土地数据共享：通过收集各地相关部门的农村土地基础数据信息，建立数据资源目录，并通过数据查重等方式，剔除重复和过时数据，提取各类数据统一要素归档，存入农村土地基础数据库。

无人机、卫星遥感等测绘数据：对于各部门缺失或存疑的数据，通过卫星遥感、无人机等技术，通过图解法、实测法等测绘法完成农村土地信息的核实调查。

人工APP手工调查：对于部分只能通过人工核实完成的农村土地数据，需要开发一套APP和小程序，各地的村干部等需要组织人员对农村土地信息进行补充调查，最终形成完整、统一、标准的农村土地基础数据。

完成农村土地基础数据库的建设后，平台可开放给各级政府以及各金融机构N个层级不同权限的土地应用管理系统，实现以人查地、以地查人,以及按行政区、自然边界和农业区划等主题自定义查询农村土地数量面积等数据。

对于银行、保险等金融服务机构来说,农村土地本来是很好的抵押物,但是目前金融服务最困难的是无法建立农村土地的基础数据库,有了农村土地基础数据平台后,可以实现目前农村土地所有权、资格权、使用权的"三权分置"精细化管理,对于不同的"权属",金融机构可以提供不同的贷款、保险等服务。同时,以上工作可以通过平台在线上完成,大大地减少了金融机构基层服务人员的工作量,农民又可以高效、低成本地获取金融服务。数智化开创了一个新的金融服务"蓝海市场"。

6.2.2 数智化养殖金融服务

自2019年4月之后的一段时间,受"猪周期"下行、非洲猪瘟疫情冲击和一些地方不当行政干预的影响,我国生猪产能持续下滑,猪肉供应相对偏紧,价格上涨较快。党中央、国务院高度重视生猪生产和猪肉供应的保障。2019年8月,国务院常务会议研究确定了稳定生猪生产和猪肉保供稳供价五项措施。同年9月,国务院办公厅印发了《国务院办公厅关于稳定生猪生产促进转型升级的意见》(以下称《意见》)。《意见》提出了加快构建现代养殖体系、完善疫病防控体系和健全现代生猪流通体系三大体系,从加大金融政策支持、保障生猪养殖用地、强化法治保障三个方面提供政策保障。

《意见》虽然明确指出要加大金融支持养殖体系,但是在实际的金融支持生猪生产的过程中,养殖企业存在以下三种信贷风险。

自然风险：养殖贷款毕竟是纯农业贷款，而农业是弱势产业，是靠天吃饭的行业，存在着谁也无法预测、控制的自然风险。传统的养殖业对自然条件的依赖性都很强，抵御自然灾害的能力较弱。自然风险一旦发生，养殖户除能获得极少量救灾款外，没有其他的补偿途径。因此，养殖户若没有其他收入来源，拖欠贷款将成为必然。

信用风险：首先，广大养殖户大多来自农村，受教育程度较低，由于贷款准入门槛相对较低，其信用风险则相对较高。其次，部分养殖户信用观念淡薄，坚信"法不责众"，宁可逾期加息也不愿意到期主动归还贷款，甚至想方设法钻法律滞后的空子，千方百计逃废信用社债务，导致民间借贷在某些地区比较活跃，给当地农村信用社风险管理带来一定负面影响。

抵押风险：养殖户担保难主要体现在抵押难上。养殖户的土地是宅基地，而且广大养殖户的房产都在农村，变现能力较差，所以从农信社信贷资产安全角度来说，农村房产抵押尚难开展。而对各种养殖的猪、圈舍等进行抵押又无法得到政策的支持，而且缺乏实际的数据监管，因此金融机构通过抵押的方式对养殖户放贷存在一定的难度。

针对金融机构有政策支持和考核的对养殖户的贷款需求，而一般养殖户又无法获得信贷的痛点，养殖户依托数智化手段，对生猪进行识别，搭载 5G 边缘计算技术，对猪群进行实时监控、计算、盘点，并基于经营情况、还款能力，向养殖户发放农业创新型贷款。

要解决养殖户的信用和抵押问题，需要从政府政务数据、养殖户征信数据、行内数据等几个方面进行对接。如图 6-7 所示，获取养殖户的信用用户画像，然后结合数智化的手段，通过摄像头、猪耳标等技术手段，盘点养猪的数量和核实每头猪的对应关系，同时结合农村信贷业务员对养殖户面对面回访的方式，通过手机 APP 上报访谈信息。整合以上数据，后台校验模型自动对养殖户进行信用评估，并发放贷款。

图 6-7　数智化养殖金融服务示意图

相比于传统的信贷方式，数智化金融信贷缩短了养殖户获取贷款的周期。对于银行来说，以各种数据的整合来对一个养殖户发放贷款，实际上降低了养殖户的违约风险，是养殖户和银行双赢的一种创新金融服务模式。

6.2.3　农担公司，推进金融数字化转型助力乡村振兴

"农担"是农业信贷担保的简称。农担公司全称"农业信贷担保有限公司"，是一类针对农业农村的金融服务国有企业。农担公司的成立是国家层面推进农业供给侧结构性改革、健全农业信贷担保体系、提升金融服务"三农"实力的重大举措。

贵州农担公司自 2018 年下半年，便开始利用子公司创建涉农金融担保业务支持系统，利用大数据和互联网手段，基本实现了"业务协同、风险共担、数据共享、贷后共管"的政府银行担保业务支撑系统，开启了贵州农担数字化运营体系的初步探索。

为做好数据系统建设规划，探索构建新型经营主体信用评价体系，有效运用农业农村行业、政务、商业数据实现农担业务数字化，通过大数据风险控制，实现业务快速上量，突破人员瓶颈又不脱离担保工具发挥作用的内在逻辑，2020年下半年，贵州农担开始打造"贵州农担综合业务管理平台"（简称"黔农担"平台），将其作为全省农担体系数字化转型的核心载体。其总体目标是：建立一个系统（即业务系统），一个数据中心（即新型农业经营主体客户信息库、项目信息库、风险数据库），一个决策平台（即经营分析与决策支持平台）。

2021年，贵州农担引入了物联网科技和细分产业大数据应用，形成了以新型农业主体信贷需求采集、核保评级授信及保后远程管理为特点的数字化决策体系。打通"黔农担"平台与中国移动的物联网管理系统，分别针对十二大特色农业产业，制定了不同的物联网监管方案。以生猪产业为例：按照1头母猪1万元核算（生物资产抵押），贷款300万元，只要监控300头母猪即可（300个ID），2个圈舍（母猪舍、分娩舍）生产现场可视（4个摄像头），通过建立母猪资产盘点模型，超过5%的变动就会发起预警，项目负责人或风控员通过远程视频可以查看圈舍情况，随时了解抵押的生物资产状况。

贵州省关岭县高老庄猪场在扩建过程中资金短缺，将繁殖母猪（按照10000元/头）及繁殖母猪农业保险保单质押给贵州农担公司，签署保单质押合同，并在有关管理机构进行登记，实施了物联网贷后监管后，获得了300万元贷款。贵州农担公司通过物联网可远程实时监控抵押生物资产和用电数据，当变化超过5%时即预警提示。

河南农担公司开发了覆盖全省县、乡、村三级金融服务组织、合作银行、农业企业和农户个人的动态项目采集申报云平台,实现批量化获取客户、自动化沉淀数据、精准化提供担保。河南农担公司自主开发建设了大数据管理云平台,打造"数据+模型+系统"一体化服务,实现贷前反欺诈、贷中实时动态预警、贷后有效触达的风险控制全流程闭环服务。平台还专线接入了中国人民银行征信、省公共信用平台、省大数据局金融服务共享平台,实时共享30多个政府部门信用数据,并与多个持牌第三方科技公司合作接入银联、民间借贷、多头借贷、客户交易等多方数据资源。

此外,该公司与郑州大学共建大数据算法中心,依托大数据、人工智能、机器学习等技术,推动细分农业行业的辅助决策模型、信用模型、贷前反欺诈模型、贷中额度模型和贷后预警模型应用。通过大数据风控模型,河南农担公司实现了小额、批量项目贷前审查、风险审核的秒级响应和保后管理7(天)×24(小时)动态监控风险预警全覆盖,大大提高了担保服务效率。

截至2021年4月底,河南农担已与85家银行开展合作、与116个县政府签订合作协议,业务覆盖全省133个农业县区,累计实现担保规模325亿元、31.6万笔,在保余额129亿元、16.6万笔。

第 7 章

数智化新农人培养：
人才振兴

乡村要振兴，人才是基石。我国多年的外向型、工业化经济主体形态，已经导致大量的农村年轻人口流向城市。农村经济社会发展，说到底，关键在人，乡村要振兴，就是要重新建立一套农村人才培养和吸引人才回流的新型体制。农民是乡村振兴的主力军，我们不应该固守传统观念，把农民限制在"面朝黄土背朝天"的农业生产方式上。在新时代，要就地培养更多爱农业、懂技术、善经营的"新农人"。要通过富裕农民、提高农民、扶持农民，让农业经营有效益，让农业成为有奔头的产业，让农民成为体面的职业。要营造良好的创业环境，制定人才、财税等优惠政策，为人才搭建干事创业的平台，吸引各类人才返乡创业，激活农村的创新活力。

随国家乡村振兴战略的逐步落地，5G 在农村地区的覆盖将逐步完善，"手机成为新农具"将会是农民成为"新农人"的核心标志。可以预见，数智化时代，将会有越来越多的具有互联网、工业化、线上营销能力的年轻人从城市回到农村，塑造新的数智化农村新景象。

7.1 数智化人才培养

人才振兴的首要任务毫无疑问是乡村的教育提升，中国的教育现代化，基础在农村，关键是农村。近些年来，在我国快速城镇化进程中，农村教育出现的新情况、新问题非常突出，也十分复杂。2016年国务院出台《关于统筹推进城乡义务教育一体化改革发展的若干意见》，进一步明确了县域内城乡义务教育一体化发展的基本思路，强调义务教育促进教育公平的基础性作用。同时，顺应城镇化建设的思路，通过城乡教育的一体化发展，改变传统的城乡分治的治理模式，可以逐渐破除城乡二元的社会结构。

在城乡一体化发展的框架中，突出的问题是如何配置教育资源，是资源上移至城区，还是资源下沉，改善农村教育。破解城镇地区大班额现象，需要按照城乡一体化发展的思路，对症下药，进行"源头治理"。大量农村学生之所以进城择校，就是由于城乡学校差距过大，造成家长不得不择校的无奈。农村教育的另一个突出问题是提高教育质量。在解决了有学上的问题之后，如何提供有质量的教育，是当务之急。需要探索在教育资源匮乏、教师水平有限的情况下，提高质量的办法。

针对目前农村教育现状，影响实现人才振兴战略的问题和痛点，国家多部委也出台了相应的政策，大力支持改善目前农村和城市教育不均衡的问题，主要是运用5G、云计算、互联网等技术，实现以远程教育为主的"互联网＋教育"信息化模式。2018年，教育部印发《教育信息化2.0行动计划》，要求积极推进"互联网＋教育"，构建网络化、数字化、智能化、个性化、终身化的教育体系。2019年9月，教育部等11个部门在《关于促进在线教育健康发展的指导意见》中明确指出，要抓住5G商用契机，加快推动物联网、云计算、虚拟现实等技术在教育领域的规模化应用。2020年3月，教育部在《关于加强"三个课堂"应用的指导意见》中提出，促进教育公平，创新育人方式，构建"互联网＋教育"新生态。2020年4月，国家发改委及工信部印发了《关于组织实施 2020 年新型基础设施建设工程》的通知，文件在农村基础建设保障中也提出了发展 5G+ 智慧教育示范应用工程的要求，包括 5G 教育专网、AR/VR，4K/8K 超高清直播教学、平安校园等应用形态。

2021 年 7 月，中央网信办、农业农村部、国家发改委、工信部、科学技术部、国家市场监督管理总局、国家乡村振兴局等部门联合印发的《数字乡村建设指南 1.0》中也提到，要推广乡村学校信息化、乡村远程教育、乡村教师信息技能提升等内容，通过将互联网等新一代信息技术与教育深度融合，推动乡村学校网络覆盖、城市优质教育资源与乡村对接，实现城乡教育资源均衡配置。

利用 5G 高带宽、低时延、广覆盖的特性可以满足农村各类教学终端的智能使用，创新教学模式，带来超高清、超顺畅、超真实的远程教学体验，如图 7-1 所示。目前，通过 5G 等数智化技术能切实解决农村教育现状的以下三个痛点。

解决教育不均衡问题：对于农村偏远地区的学校来说，教师资源极度贫乏，同时各处农村生源也极度分散，因此很难集中开课。5G 远程教育技术可以让农村学生足不出户就享受到城市的优质教师资源，同时减少了农村儿童每天跋山涉水到镇区学校上课的风险。

解决个性化学习的不足：农村的教育，应该针对农村的人才振兴战略进行，农村本来的学习应用场景就和城市具有一定差异性，我们目前的教学基本以教授课本内容为主，很难通过形象化的形式去激发农村儿童的学习兴趣。5G 的大带宽、低时延让 AR/VR 等新教学模式得到应用，助力优质资源输出及课堂形式变革，可以针对农村儿童，制定身临其境的场景，再结合农村各种劳作生产进行教育，从而取得更好的教学效果。

解决农村校园管理落后的问题：农村校园过去普遍基础设施比较落后，近年来，随着国家和社会的大量投入，镇区的中心校园的基础设施得到了极大改善。但是，由于农村校区地处偏远，虽然基础设施改善了，管理水平依然无法跟上，学生意外伤害事故时有发生。5G+边缘计算、AI分析为各类信息化教学设备提供统一的数据接入、分析及查看能力，助力教学装备科学管理。

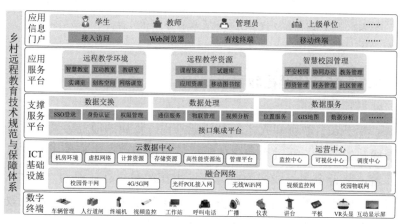

图 7-1 数智化农村教育应用服务平台架构示意图

数智化远程教育方案包含教育专网和教育云，是教育云网融合新基建的核心。同时，远程教育将应用到5G的两个重要核心技术。如图7-2所示，融合**5G网络切片技术**和**边缘计算技术**，满足客户业务、连接、计算、安全等需求的、可管可控可感知的专用云网服务。网络切片利用NFV/SDN将单个物理网络划分为多个虚拟网络，定制教育行业客户专属的网络服务；边缘计算从硬件基础设施等多维度打造符合行业需求的、即开即用的边缘计算平台，有效地缩短远程教育的延时及减少集中云存储空间容量。

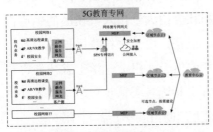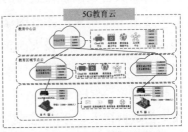

校内网、校间网2张网融合　　　　　　中心云、区域云、边缘云3级云协同

图 7-2　网络切片和边缘计算技术在教育专网和教育云中的应用示意图

7.1.1　数智化远程教育

对于农村教育和人才振兴计划来说，优质的师资力量永远是最稀缺的资源。通过数智化的手段，可以集中全国最优质的师资力量，整合全国一线名师资源，选用在线教育行业前沿"直播+双师"的互动教学模式，覆盖中小学全学段多学科，重点解决教育资源分布不均的问题，打造与名师教学进度一致的优质普惠直播课堂。

如图 7-3 所示，数智化远程教育场景基于 5G 网络，通过硬、软终端整合优质教育资源，解决教育均衡发展问题，旨在打造"一带一、一带多"的远程实时互动上课模式，解决教育薄弱地区师资匮乏、课后服务模式单一、家长辅导难等问题。支持教室专有终端、桌面终端、移动客户端、手机视频全融合，实现同步上课，直播听课，管理部门巡课，家长和老师、学生互动，家校共育等功能，强大的音视频交互能力，超低时延，带来更好的互动教学体验。

第7章　数智化新农人培养：人才振兴 | 139

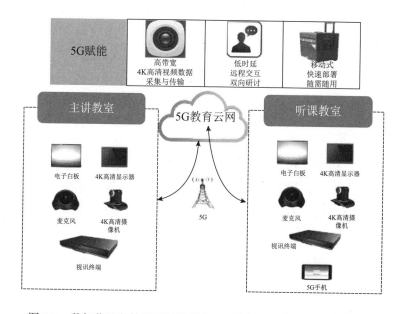

图 7-3　数智化远程教育通过终端和 5G 教育云网实现农村远程教育

直播课堂还支持多屏互动教育平台，基于大屏、手机屏、PC屏三屏融合概念，构建空中课堂，帮助学校快速组织线上授课与教务管理，实现农村学校和家庭"家校一体"，解决农村中心学校与儿童村庄距离太远的问题。平台支持手机、平板、电视等多终端接入，具备健全的直播互动教学能力，可以在 5G 等网络环境下向师生提供流畅稳定的视频环境。

新冠肺炎疫情期间，农村地区的大批学生需要居家上课，数智化名师课堂除了提供远程名师教学素材，还可供中心校、城区学校的老师在主讲教室授课，乡镇农村等偏远地区的学生在听课教室上课。同步教学能够帮助乡镇农村地区的学校开齐、开足国家规定课程。数智化手段将疫情期间农村学生的学习主战场从学校转向家庭，做到"停课不停学"，带动学习场景从小屏向大屏延伸，同时支持农村学生通过手机、家庭电视在线听课。可以预见，未来数智化远程教育将会在农村地区大量普及使用，通过数智化手段实现乡村的人才振兴培养。

7.1.2　数智化沉浸式教学

对于农村教育来说，除了基础教育外，各种农技培训也是教育的重要一环。传统的教育方式仅仅是通过课本来传授知识，很难实现真正的因材施教，无法满足教育的农村个性化需求。AR/VR 沉浸式教学可满足农村农技现场模拟教学的需求，平台汇聚统一运营管理市面优质 VR 教学内容，接入多种 VR 终端，为农技推广打造网络、平台、管理、终端一体化 VR 教室解决方案，其核心功能有以下四个优点。

沉浸式互动学习：虚拟影像逼真地投射在真实环境中，学习者以视线、手势、语音与影像进行交互，可以通过全息影像手把手地进行农技推广学习。

多人在线协作： 虚拟影像与真实环境结合，支持团队多点协作、交互操作，可以实现对一个农技装备的多人协作操作和维修等应用。

超越屏幕、同步操作：制作内容影像，同时投射在真实空间，实现数字内容可视化，提高学生创造力。

解决传统教学障碍，寓教于乐：将抽象的概念、理论和老师难以用语言讲解的知识点或实验课程，直观形象地展现在学生面前，提高学习效率。

如图 7-4 所示，数智化沉浸式教学方案基于 5G 的高带宽、低时延等特性，将教师和农技推广工作人员的真人影像同时投射到远端多个听课教室里，打造不改变传统教学习惯的自然交互式远程教学体验。数智化沉浸式教学技术开启了现实版的"瞬间移动",透过光、影、声、音提供"虚实难辨"的360°超沉浸式直播体验服务,在教学与实景实践相结合培训中加入虚拟现实技术,实现由学生自行动手操作,避免实训风险、降低操作成本,达到教学及实训大纲要求。

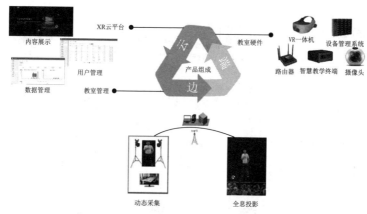

图 7-4 数智化沉浸式教学通过 5G 实现"云、端、边"教学体验

7.1.3 数智化农村校园

经过国家和社会的多年持续投入,广大农村大多建设了中心镇区的中小学以及部分的村小学校,总体的基建水平较好,部分镇区中小学校已经达到了城市的基建标准。但是,随着城市近年来对学校的信息化改造,农村学校的基础建设已经不能用过去"钢筋水泥"的标准来衡量了,农村学校同样需要通过 5G 等技术来提升数智化建设水平,解决目前农村学校的管理难、管理成本高、疫情防控等痛点。

如图 7-5 所示,数智化乡村校园主要基于 5G 云网融合核心,以乡村校园所需的各种应用服务为载体,结合软、硬件能力,实现校园安全管理、学生行程轨迹推送、教务管理等校园各环节的数智化。将大数据、AI、云计算等技术,应用到校园的教务、安防、学生管理等全场景,助力教学体验和管理效率的升维变革。数智化农村校园的改造主要需实现以下五个基本功能。

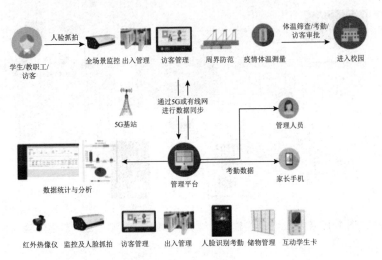

图 7-5 数智化校园基于 5G 云网融合实现农村校园改造

教学管理:通过视频监控、红外监测、出入管理设备等数智化手段,为学校各行政管理部门及教师、学生提供考勤、宿舍管理、移动办公等场景服务,提升学校教学效率和教务管理水平。

智能安防:支持通过视频监控及 AI 分析等方式,对学校的访客、车辆进行管理,如果遇到偷盗、危险人物流窜、车辆过期停放、火灾等突发状况,系统会触发告警并通知安保人员处理,保障校园的安全水平。

学生轨迹:基于学生智能卡和手机定位等方式,结合提前设置的电子围栏,可向老师、家长(包括留守儿童远在外地的父母),

通知学生进出校动态。

体温筛查： 由于新冠肺炎疫情影响，为防范频繁的人员流动，以致影响教学安全，在校门口等核心入口部署人脸识别测温、实时智能防疫数据化展示等设备，可以让村委和学校管理人员实时掌握教学安全动态。

数据分析： 支持对校园内各类数据挖掘、建模、分析，并形成分析报告，用于预测教育评价、疫情防控、学校运营状况，并帮助教育决策。

7.1.4 同步课堂，"云"端实现独龙族孩子们"到北京上学"的梦想

云南省怒江傈僳族自治州贡山独龙族怒族自治县独龙江乡是国内独龙族唯一的聚居地。独龙族是中国28个人口较少的少数民族之一。中华人民共和国成立后，独龙族从原始社会直接迈入社会主义社会。2018年，独龙江乡常住居民人均可支配收入为6122元，在怒江州率先实现整乡整族脱贫。

"我想到北京上学""我想成为一个工程师，把独龙江的公路修得更美""我想成为一名教师,让乡里的小朋友学到知识"——这一个个梦想，是我国西南边陲独龙江乡孩子们的美好愿望，但由于师资力量薄弱、教育资源匮乏，梦想也只能深藏。

2019年7月，中国移动通过"云视讯+同步课堂"的方式，在"云"端实现了独龙族孩子们"到北京上学"的梦想，让远在大山里的孩子亲身感受到北京直播间国学老师和外教的风采，搭起了独龙江乡与外界沟通的桥梁。

扶贫必扶智，治贫先治愚。中国移动发挥基础电信运营企业

的网络、技术、平台等优势,在"网络+"扶贫模式引领下,先后开展"宽带倍增""语言扶贫"等多个项目,精准地找到了乡村教育的短板及缺口,将"网络+"与教育帮扶密切结合起来,推动教育智能化、情境化与普及化,走出了一条"网络+"教育扶贫的创新之路。

从全力落实宽带网络校校通、优质教育资源班班通、个人学习空间人人通,到推进教育管理公共服务平台、教育资源公共服务平台,中国移动立足云南省教育发展实际,补齐教育网络、教育平台、教育内容的短板,通过"云+端"一体化打造的"智慧教学"新模式,让优质教育资源冲破空间界限,有效改善了贫困地区学校整体教育、教学面貌,为孩子们跨越知识鸿沟提供了可能。

7.2 数智化人才下乡

乡村振兴,关键在人。但是,农村的问题永远不能只通过农村自身来解决,除了要大力培养本土人才,还要通过引导城市人才下乡,推动专业人才服务乡村,吸引各类人才在乡村振兴中建功立业,健全乡村人才工作体制机制,强化人才振兴保障措施,培养造就一支懂农业、爱农村、爱农民的"三农"工作队伍,为全面推进乡村振兴、加快农业农村现代化提供有力人才支撑。

2019年1月,农业农村部印发的《数字农业农村发展规划(2019—2025年)》文件中,要求强化科技人才支撑,建立现代农业产业技术体系数字农业农村科技创新团队,协同发挥科研机构、高校、企业等各方作用,培养造就一批数字农业农村领域科技领军人才、工程师和高水平管理团队。加强数字农业农村业务培训,开展数字农业农村领域人才下乡活动,普及数字农业农村相关知识,提高"三农"干部、新型经营主体、高素质农民的数字技术应用和管理水平。建立科学的人才评价激励制度,充分发挥人才积极性、主动性。2021年7月,国家乡村振兴局等七部委联合印发的《数字乡村建设指南1.0》中,也明确了农业科技创新供给的重要性,要通过科技下乡,包括农机数字化服务、农业科技信息服务等,发挥科技创新在"三农"建设中的支撑引领作用。

要真正实现农村的人才振兴计划,需要通过政策引导各类人才向农村基层一线流动,打造一支能够担当乡村振兴使命的人才队伍。除了政策保障之外,通过数智化的手段,管理科技下乡人才、培训机构、项目资金等"资产"也是非常迫切的需求。只有建立了一套完善的人才数据库,才能最终分析、评估人才下乡的成效。

7.2.1 数智化电商人才帮扶

目前,农村有大量优质农产品无法直接面对消费者,电商以及直播、短视频等方式是打通农产品生产和消费者之间信息不对称的有效方式。但是,由于农民目前普遍受教育程度并不高,所以要想真正在农村发展电商产业,就必须通过城市的企业商业运作或者帮扶方式,在农村建立一支电商的人才团队,让手机真正成为"新农人"的"新农具"。

商务部和农业农村部从2017年开始陆续出台文件支持农村电子商务的发展,同时也一再强调电商人才培养的重要性,在《关于深化农商协作大力发展农产品电子商务的通知》中,要求各地开展农产品电商出村试点,实施农村电商百万带头人计划,要求加大人员培训和人才培养力度，充分发挥电子商务进农村综合示范和信息进村入户政策效用。积极利用农民手机应用技能培训、新型职业农民培育、农村实用人才带头人培训、返乡下乡人员创业创新培训等现有培训项目，对农民合作社成员、创业就业人员、电商转型的企业和政府部门人员等，开展电商理念、基础理论、技能技巧等不同层次的培训。

要在农村建立电商人才的帮扶点，不仅是通过基建等手段完成电商培训基地的建设，更重要的是加强对被培训人员跟踪服务，提供后续实践引导和再教育，确保培训实效。如图7-6所示，数智化的人才帮扶应通过企业建立农村电商培训基地，建立起政府、企业、农民三方共赢的状态。

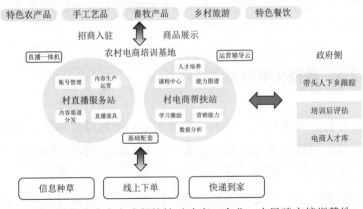

图 7-6 数智化电商人才帮扶针对政府、企业、农民建立培训基地

对农民：在农村，目前存在大量闲置劳动力，在非农忙期间，可以让这批农民入驻农村电商帮扶站。通过电商带头人远程直播、现场讲课、带领实战等方式，培养农民的电商运营能力，并通过数智化的手段，对入驻的农民形成人才库。通过分析对每个学员进行评价，评价高的可以直接到农村的直播站工作，并给予激励。

对企业：对于企业来说，入驻电商培训基地除了对农民进行电商培训外，还可以利用农村的劳动力，对农村的特色农产品、手工艺品、乡村旅游等资源进行推广。企业可以直接入驻村直播工作站，形成日常的电商直播、短视频、网页等内容，获得运营和培训的收入。

对政府：政府前期可以通过补贴和与企业合作的方式建设农村电商培训基地。基地内包含直播设备、培训设施等基础数智化硬件。待企业和农民入驻电商培训基地后，政府可以获得电商带头人下乡情况的跟踪、电商培训后评估、电商人才库等一系列数据，政府可以根据这些数据决策下一步的资源投入。

7.2.2　数智化人才信息库

目前，政府对人才下乡的支持力度非常大，各种人才下乡政策，包括农村科技特派员、"三支一扶"、高校人才、职业技术下乡培训等。科技人才下乡的同时，还有各种人才项目资金、培训机构与之配套。对于县镇政府来说，面对如此多的人才下乡资源，统筹管理是一项非常庞杂的工作，而且效果无法进行评估。

因此，为承接国家对于人才下乡的各种政策，需要提前通过数智化手段，建立一套完整的人才信息库，并根据这套信息库对人才振兴的成效进行评估，从而给予政府更多资源投入依据。人才信息库主要包含以下几个部分。

人才数据管理：打通政府与各行业的数据库，提取乡村振兴相关人才数据，包含政府、高校、培训机构、企业帮扶等，形成乡村振兴的人才全量名单；通过位置定位、大数据等技术，对人才下乡情况进行追踪统计，如遇到造假情况还应进行告警。

人才项目资金管理：对于人才下乡的资金通过统一平台进行管理具有多种好处。其一，资金申请通过统一平台归集，避免了资金和人员不匹配导致的重复申领现象；其二，可以追踪资金的流向，让资金和实际的下乡工作者一对一匹配；其三，最重要的是，可以对资金的使用情况进行后评估，杜绝"出工不出力"现象。

人才振兴成效评估：通过统一的人才数据库，配合培训机构数据、资金项目数据，政府就可以轻松地对每个人才项目进行管理和评估，真正实现人才振兴的"有的放矢"。

7.2.3 数智化农技资料馆

农村目前有大量的技术知识存在"信息孤岛"现象，大量的农技只存在于部分农民的脑海之中，需要以"言传身教"的方式进行经验的传授。因此，人才要振兴，除了通过科技人才下乡培养和帮助本地的农民成为"新农人"，还应当鼓励各地农民通过学习、经验分享的方式，进行农技推广和交流，建立一个"线上集中化，线下实体化"的数字化农技资料馆，这是打破农技推广鸿沟的一种尝试。

与传统的图书馆不同，如图 7-7 所示，针对农村的数智化农技资料馆主要有以下三个优点。

云端数据共享：与一般私人图书馆不同，数智化农技资料馆除了提供一般的农技书籍借阅，还支持农民农技的数字化存储和共享功能，将各农村线下分散的资料馆集中到云端，供各地需要的农民查阅。

VR 农技实战：资料馆提供 VR 的农技实操演练，主要包括农机操作、机电维修、农事培训等功能,只有通过评估的农民才能上岗,可增加农民的实操知识和应对现场风险的能力。

智能资料管理:通过数智化手段,出入资料馆的农民可以身份证、人脸识别等方式便捷地借阅资料,同时可享受线上查阅的服务,如通过微信等方式迅速查阅到所需资料。

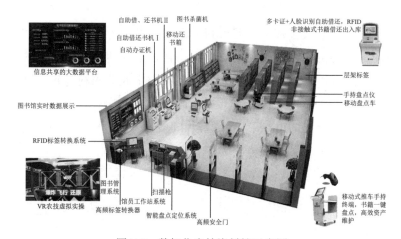

图 7-7 数智化农技资料馆示意图

7.2.4 广东启动百万电商训练营,线上超 45 万人次观看

农产品如何通过电商平台进行销售?这是困扰农村农业生产发展的一个最大瓶颈,相较于传统的农产品生产批发销售模式,电商可以直接通过销售反推生产,从而进一步指导农业生产过程。特别是近年来,随着短视频行业的兴起,抖音等短视频平台已经成为消费者了解农产品的一个重要渠道,通过培训等方式让农民了解电商,了解抖音等短视频运营模式,成了一种趋势。

2021年5月12日，广东启动"百万销量训练营——三农抖音电商人才培训班"，在"三农"领域进一步推广短视频营销模式，批量扶持打造一批"农业网红"。通过培训班的学习，农民感觉抖音电商变得不再遥不可及，学到了如何打造完美"人设"以及爆款视频，了解到直播的带货技巧和微头条出单。2020年以来，广东已成功举办多个"短视频+网红"培训班，融合农产品直播带货模式，传播优秀农村传统文化，助力乡村振兴战略的实施。这次再推"百万销量训练营"，旨在鼓励和引导更多的大学生、志愿者、返乡就业人员参与广东的数字农业农村建设，强化人才支撑。本次活动，除了线下200名学员参加外，培训班还通过直播设备在各种平台上进行分发，观看人数超过了45万人次，获得了良好的人才提升效果。

第 8 章

数智化农旅融合：文化振兴

弘扬优秀传统文化是乡村振兴的要求，实施乡村振兴战略，要深入挖掘农耕文化蕴含的优秀思想观念、人文精神、道德规范，结合时代要求在保护传承的基础上创造性转化、创新性发展。弘扬优秀传统文化、倡导社会先进文化、传播光荣革命文化，是乡村文化振兴的内在要求，是促进乡风文明的重要举措，在乡村振兴工作中应进一步保护乡村风貌、传承乡村文脉、留住乡村记忆、重塑乡村文化，适应村民精神文明的新情况、新发展、新要求。

推动新时代乡村文化振兴，可通过5G、物联网等技术，将乡村景点、文物古迹、民族村寨、传统文化站、博物馆等物质文化资源，以及各种饮食传统、民俗文化、名人传记、农耕文化等非物质文化遗产统一到云端，利用大数据和人工智能技术对文化价值进行分析和挖掘，最终实现数智化的文化传承和弘扬典范。

8.1 数智化乡村旅游

目前我国农村存在的大量农村文化资源可以作为乡村旅游发展的标的。2016年中央一号文件，要求大力发展休闲农业和乡村旅游休闲农业、乡村旅游，以设立产业投资基金等方式扶持休闲农业与乡村旅游业发展。2019年1月，农业农村部印发的《数字农业农村发展规划（2019—2025年）》文件，鼓励发展智慧休闲农业平台，完善休闲农业数字地图，引导乡村旅游示范县、美丽休闲乡村（渔村、农庄）等开展在线经营，推广大众参与式评价、数字创意漫游、沉浸式体验等经营新模式。

发展乡村旅游，核心是把农业与旅游资源进行融合发展，并深度挖掘农村的文物古迹、革命历史、民族村寨等文化资源，发挥农村文化与生态优势。但是，目前乡村旅游发展存在以下4个问题。

产业发展问题：传统农业不足以发展乡村经济，导致农村经济活力缺失，人口流失。乡村旅游产业起步较晚，最初只是简单的垂钓、采摘、农家院，还没有摆脱自发式发展的模式。

综合建设问题：现代农村建设良莠不齐，地域特色逐渐消失，缺乏良性交往空间，空心美丽乡村现象不时出现，一些传统乡村活力渐失。很多乡村旅游项目，并没有深入挖掘当地文化内涵，从而没有自己的特色。农业、温泉、采摘等旅游产品虽多，但缺乏核心的主题整合，给人大而杂的感觉。

基础设施建设问题：乡村基础设施严重滞后，文化服务设施匮乏，卫生设施条件差，乡村旅游不能满足游客的物质文化需求，导致入住率下降，重游率下降，严重制约了旅游发展。

运营管理人才问题：乡村旅游项目融合了农业种养、餐饮服务、住宿服务、康体娱乐服务等多种业态，但是此类综合型人才缺乏，导致乡村旅游项目建成后，产品和服务跟不上，经营困难，更无力升级。

针对以上问题，如图8-1所示，需要通过数智化手段，结合在全域旅游、景区、旅游小镇、旅游乡村信息化建设及运营实践中形成的一整套系统化方法，来指导乡村旅游运营的高效率、低成本展开，对于发展农村绿色旅游，实现对绿水青山的开发和保护，起到有效促进和助推作用，并在此基础上进一步帮助乡村实现生态产品价值转化。

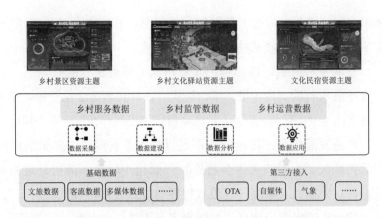

图 8-1　数智化乡村旅游系统解决方案示意图

8.1.1　数智化乡村休闲度假

"5+2"模式,是一种新兴的休闲度假方式:5 天在城里上班,周末 2 天在郊区田园生活。这种模式,给我们的休闲农业带来了良好契机。乡村旅游不仅为城镇居民"5+2"的生活模式提供了主要通道,还与"生态产业、现代农业、旅游休闲度假、文化产业、城乡统筹"等社会热点息息相关。乡村旅游产业的发展,可以优化农业产业结构、促进农民增收、帮助农民脱贫、保护生态环境、促进城乡一体化。大力提升乡村旅游,促进乡村旅游升级发展,是形势所在,是时代所趋。

但是,对于农村来说,城市人群到乡村的休闲游将带来大量管理问题:城市人群周末到乡村休闲度假将带来大量流动人口,乡村对外来人口的管理能力,乡村现有设施的接待能力,安全、防盗、应急处理能力,都需要提升,这给原本管理水平有待提高的村委会增加了巨大压力。目前我国农村有大量的优质旅游资源需要开发，更重要的是需要把这些资源通过数智化手段让有需求的城市居民获知并远程体验，这样才能吸引更多城市游客以"5+2"的方式与乡村进行物理空间的实际互动，从而实现农民增收，文化振兴、乡村振兴。

5G等数智化的手段将改善目前乡村旅游管理水平低、缺乏推广手段、城市游客体验差等问题。如图8-2所示，数智化乡村休闲度假方案大致从以下三个模块提升乡村游的服务水平。

图8-2 数智化乡村休闲旅游大数据中心架构图

1. 5G乡村休闲游管控系统：该系统建设主要面向村委会、运营部门等管理单位，分为如下三个管控中心，提供乡村游管理服务。

乡村应急指挥调度中心。主要提供整个乡村的视频监控集中管理、车辆及交通监控、烟火监测、村出入口安保等服务。中心汇聚乡村内的物联网、GPS和运营商手机定位等数据，提供给应急指挥管理者进行决策。如果遇到村庄内人流密度过大、火警、暴力等突发事件，应急指挥中心将会调度和增派应急工作人员进行处理。同时，村镇一级的指挥中心会打通县、市、省一级的应急指挥调度平台。遇到特殊情况，如村一级运营人员无法处理，需要及时通报上级做升级处理。

大数据分析中心。基于运营商大数据、景区视频数据、票务数据等景区多方位数据，进行数据挖掘和分类统计，提供景区旅游大数据分析，并生成统计报表。通过数据实现对客流量、景区中人员流动实时动态、游客来源地、游客驻留时长、游客流量、交通方式、游客画像、适游指数的分析，并预测未来一段时间的客流走向。

景区资源管理中心。基于 5G 广覆盖的技术优势，实现景区内所有资源（人员、车辆、监控、工具、基础设施等）互联互通，如个性化位置定位、数据监测、状态监管、定时采集、车位寻找、轨迹记录等。

2. 游客服务系统：整合农村内吃、住、行、游、购、娱六要素资源，为城市游客提供游前、游中、游后的一站式服务，完善旅游服务体系，提高旅游服务质量。农村内的景区如果原来有票务系统的，则在已有的游客服务系统上进行升级，增加门票分时预约功能。

3. 5G 亮点应用：利用虚拟现实、全息扫描、3D 建模、全景直播等技术将农村的人文风光、红色革命文化、历史文物进行数字化重建，并打造 VR 乡村游文旅风光片、VR 红色教育课件、VR 沉浸体验影院、景区 5G+VR 直播、VR 数字博物馆作品五大应用场景，使游客在异地也能沉浸式观看农村景区的实景。

8.1.2　数智化乡村文化驿站

我国农村有大量文物古迹、革命历史遗迹、民族村寨等文化资源，通过乡村文化驿站将这些文化资源保存起来具有深远的意义。文化驿站的基本作用是开展文化宣传，组织讲座、学习及交流等活动，文化驿站兼具剧场、课堂、茶座的功能，它的特殊之处在于引入分享理念，推出各种文化艺术分享和体验。乡村驿站还带动了乡村生产和生活功能的重构和活化，助推了乡村的再生。

目前，我国乡村文化驿站正在逐步建设当中，但是其存在着以下三个痛点需要通过数智化手段加以解决。

文化讲解员不足：由于农村文化讲解员的人数不足，讲解水平参差不齐，无法满足游客对当地相关历史的了解欲望。

文物展示手段单一：文物展示方式单一，文物损害严重，需要通过数智化手段进行保存以及展示，提高游客的参观体验。

信息化管理缺乏：文化驿站缺乏统一的管理平台，遇到突发状况很难进行有效的应急指挥管理，并且无法通过信息化手段对受游客欢迎的文化、文物进行统计。

如图8-3所示，依托5G、云计算、大数据等技术，可实现全景信息展现及统一管理，助力数智化乡村文化驿站未来的建设与发展。

文化驿站游客导览系统：游客可通过小程序扫描相关文物的二维码来获取讲解信息，并可通过视频以及文字的方式对文物进行全方位了解。文化驿站提供小程序AR专区，通过5G+AR精灵的形式在馆内带领游客进行游玩。站内提供720°全景游览，游客未到场馆便可观看展馆状态。

文物展示系统：通过数智化手段，真实、完整地记录文物数据，实现文物信息的永久保存与残缺文物的虚拟修复。集成各终端文物保护信息，建立文物全生命周期健康档案，通过3D建模的形式将虚拟文物展示在手机端，既做到文物信息化，也对文物保护做出贡献。

驿站管理系统：文化驿站内物联网管理模块，主要是对博物馆内部物联设备运行状态进行监控，包括文物的温、湿度等环境监测和空气净化器等设备调节控制。管理系统可以针对工作人员的维修记录进行统计，包括文物检测相关传感器的实时数据，在大屏端统计进行展示。

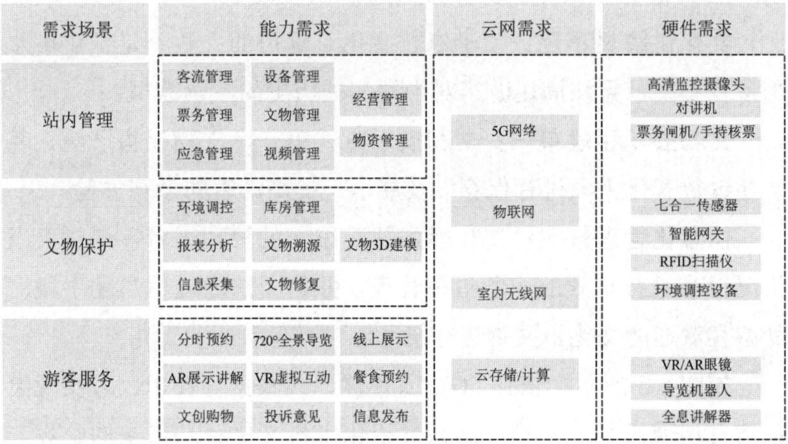

需求场景	能力需求			云网需求	硬件需求
站内管理	客流管理 票务管理 应急管理	设备管理 文物管理 视频管理	经营管理 物资管理	5G网络	高清监控摄像头 对讲机 票务闸机/手持核票
文物保护	环境调控 报表分析 信息采集	库房管理 文物溯源 文物修复	文物3D建模	物联网 室内无线网	七合一传感器 智能网关 RFID扫描仪 环境调控设备
游客服务	分时预约 AR展示讲解 文创购物	720°全景导览 VR虚拟互动 投诉意见	线上展示 餐食预约 信息发布	云存储/计算	VR/AR眼镜 导览机器人 全息讲解器

图 8-3　数智化乡村文化驿站场景化功能定义示意图

8.1.3　数智化特色乡村民宿

在人们的旧有印象里，农村的卫生条件普遍较差，且由于受限于基础设施的落后，住宿条件一直无法满足城市游客的旅游住宿需求。但是，随着国家乡村振兴战略的逐步落实，乡村民宿已经发展成为农村文化振兴、农民增收致富的一条新路径。2019年，中共中央办公厅、国务院办公厅印发的《数字乡村发展战略纲要》，提出要促进游憩休闲、健康养生、创意民宿等新产业发展，规范有序发展乡村共享经济。

农村拥有良好的生态资源优势，是发展民宿经济的天然地区，随着民宿规模扩大,大量民宿经营者面临着民宿数据管理技术落后、营销渠道狭窄、宣传手段比较单一等一系列问题。如图8-4所示,通过数智化手段对农村民宿进行升级改造,将极大改变目前农村民宿的发展瓶颈。

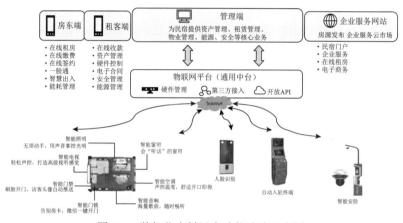

图8-4 数智化乡村民宿功能改造示意图

数智化硬件改造:目前有大量适用于民宿的智能门锁、人脸识别、智能安防等硬件设备,可降低酒店管理人员的工作成本;民宿内部还有声控的智能窗帘、智能照明等应用,可供低成本的民宿房间改造之用,提升用户的住宿体验。

数智化订单管理:经过数智化硬件改造,民宿的房间基本具备了无人化的基础设施条件,可以通过统一PMS(Property Management System,酒店管理系统)接入携程等头部线上酒店订单平台,从而获取民宿的客户流量数据和订单。

数智化文化展示:经过数智化改造后,民宿房间内的电视、投影、音响等设施可以成为乡村文化的推广展示平台。在用户入住民宿后,可以通过此平台,对当地的乡土民情、饮食文化、革命历史等进行数智化展示，还可以依凭此平台进行土特产的宣传和销售，提高用户旅游的体验。

民宿数智化改造除了为经营者和消费者带来便利和利益，村委会和县镇政府以及旅游主管部门也可以通过平台全面、准确地掌握民宿的入住率、房价变化、淡旺季游客量等各项数据。客观数据的生成与采集可以让旅游主管部门的研判更加科学，并及早采取科学有效的行业监管行政措施，促进本地民宿业的繁荣。

8.1.4 云南勐巴拉 5G+ 数字雨林小镇，数智农旅小镇新标杆

位于云南省西双版纳傣族自治州勐海县的勐巴拉 5G+ 数字雨林小镇，是 2019 年云南省委省政府挂牌的唯一一个数字小镇。勐巴拉 5G+ 数字雨林小镇利用中国移动 5G 网络，以游客互动体验为中心，打造了一张图管理平台、环境监控、智慧安防、智慧票务、智慧停车场、智慧厕所、360°全景 VR 直播、无人机视频直播、慢直播、智慧酒店、Wi-Fi 覆盖等一系列 5G 应用，实现了小镇资源和旅游信息的系统化整合与深度开发利用。

文旅一张图：一张图管理平台是以地理空间为框架，构建统一的综合管理平台。平台上整合了智慧票务、智慧安防、环境监测、智慧停车、智慧出行、无人超市、刷脸支付等多种应用，所有资源一张图管理，所有设备一张图控制，所有事件一张图显示。从经营者的角度出发，"一张图"的最大好处是让管理者能快速消化信息，基于更加全面的数据迅速做出决策，从而为游客提供更好、更及时的服务。

环境智能监控：勐巴拉有得天独厚的七大自然资源，即高森

林覆盖率、密集负氧离子、最适合人类居住的1200米海拔高度、18.7℃年均气温、天然温泉资源、12 700多亩雨林湖泊资源、地处五大长寿带，确保这些自然资源始终处于最佳状态也就成了最重要的任务。中国移动提供的5G+环境监测应用可以收集物联网传感器采集的多种环境数据，将环境监测和环境显示发布融为一体，一站式、多维度解决了现场环境数据采集、传递、存储、分析、发布等难题，同时也为小镇的日常管理、分析、预警、决策提供了强有力的工具。

智慧安防：良好的安防体系，不仅有利于景区的管理，对游客的人身、财产安全也是非常有力的保障。在勐巴拉，建立了基于5G网络的视频监控系统，管理人员能够远程完成对监控对象的视频录制、制定监控策略等操作，还可以联动报警安防、应急指挥等应用，实现监控的智能化、多元化。在视频数据采集的背后，还应用了人工智能、大数据等技术，兼具信息采集和智能分析功能，让小镇管理更轻松、环境更安全。

智慧票务：景区的票务看起来简单，实际操作起来却非常复杂。以门票的销售为例，线上各个平台、线下各个网点，支付用现金、银行卡、移动支付，票证用纸质票、二维码、身份证，还有验票环节，总之给景区和游客都造成了不小的负担。景区提供的智慧票务系统实现了线上线下一体化销售管理，支持二维码、身份证等核验方式和移动支付接入，并提供销售数据统计及客户来源分析等。系统还可以实时监测小镇内重点区域人流数量，实现售票精细化管理和景区的科学化管理，打造融购票、检票、服务于一体的轨道交通互联网业务闭环。

智慧厕所：对于任何景区来说，厕所的管理都是一个难点。在勐巴拉，中国移动带来了厕所软数字化提升方案：厕所入口处设有电子屏,清晰显示厕位分布情况,并标示"有人"或"无人";利用空气传感器监测并实时报告氨气、硫化氢浓度,发现数据超标及时采取对策;实时监控卫生间内温度、湿度等参数,确保厕所时刻处于明亮、清洁的开放状态。整个系统综合运用互联网、物联网、数据分析技术和设备,实现了公厕在安全、卫生、管理等方面的全面改善。

360°全景VR直播:在小镇特色景点,现场安装有全景摄像机,采集的360°全景视频通过5G网络传输到分发服务器,客户可以用VR眼镜观看视频景象。与普通直播相比,360°全景VR直播是全新的视觉体验,游客能以第一视角自行决定观看方向、范围,抬头仰望可见蓝天,低头俯视可见绿地,平视远方则是优美的自然景观。

智慧民宿酒店:随着游客消费习惯升级,人工智能将广泛地运用到酒店的经营、管理等方方面面,智慧酒店对于改善游客入住体验、降低酒店运营成本、提升管理和服务效率将发挥重要作用。在勐巴拉小镇,运用云计算、物联网等技术,以智能设备为载体,帮助酒店实现了智能化和个性化服务。首先是带给客户入住全流程的智慧化体验,客户可以自助办理入住,无须前台等待办理、领取电子门牌等流程。客人还可以选择刷脸入住,完成全流程的入住手续。

勐巴拉5G+数字雨林小镇一、二期建成后,将成为"一张图+N项应用+大数据中心+运营感知体系+5G"和相关应用的数字小镇示范标杆,配合当地政府数字工程建设,服务于地方高质量、跨越式发展。未来,将建设更多的"特色、产业、生态、易达、宜居、智慧、成网"的特色小镇,通过5G+旅游行业其他应用,从线上到线下、从消费到生产、从平台到生态,推动旅游行业向信息化、科技化和智能化全面发展。

8.2 数智化乡村文明治理

从广义上说,文化是人类在社会历史发展过程中所创造的物质财富和精神财富的总和。农村的文化资源,除了文物古迹、革命历史遗迹、民族村寨等实体的可供游客参观的资源外,衡量农村文化振兴水平的高低,还应包含饮食传统、民俗文化、名人传记、农耕文化等一系列非物质文化遗产。文化的概念还应该包含文明,在农村也应当包含农村的乡风文明建设情况,包含村容村貌、垃圾治理,以及网络舆情管理等。

乡村文化资源种类可谓包罗万象,因此有必要通过一个数智化平台,盘点农村物质的、非物质的以及乡风文明的情况,以供政府全面监管、评估,并有针对性地对乡村进行文化立项与资金支持。有了整套数智化文化管理数据后,我们还能将其中的文化资源进行资产化交易或者股份制改造,切实提高村民收入。

8.2.1 数智化乡村文明服务

乡风文明的核心应该是推动和引导广大农民树立建设社会主义新农村的思想观念和文明意识,养成科学文明的生活方式,提高农民的整体素质,培养造就有文化、懂技术、会经营的新型农民。乡风文明的文化资源应包含农村中的各种物质的与非物质的文化资源,比如民俗风情、饮食、土特产、文化品牌等,如图8-5所示,借助平台将文化资源形成数智化资产,然后通过文化振兴系统对农村的文化振兴情况进行评估。对于农村的文化短板，政府可以根据平台的评估情况，有针对性地对文化短板进行文化资金项目扶持，并对扶持项目通过平台进行文化振兴后评估。通过文化资源平台提供的服务，政府和运营方还能将文化资源上架到平台上进行资产交易，彻底盘活农村文化资源。

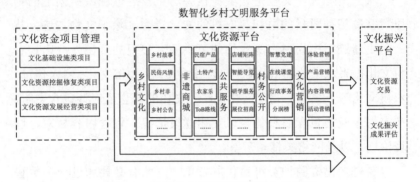

图 8-5　数智化文明服务管理平台示意图

8.2.2　数智化乡村文明治理

乡村文明是文化振兴中的一环，需要通过政府、企业、农民的共同努力。农村过去的一些"不文明"现象主要表现为垃圾乱丢乱堆放、厕所脏乱差、违建严重、缺乏问题反映渠道等，通过近年来各级政府的努力，包含"厕所革命""垃圾整治""风貌工程"等各省政府统筹的乡村文明治理工程，已经通过基建的方式改善了乡村的文明风貌。

在新基建的阶段，除了原有的基础设施建设外，还需要通过数智化手段，将目前农村的厕所信息、垃圾监控、违建信息、投诉公开等信息，利用 5G、物联网等技术整合到乡村文明治理平台中,如图 8-6 所示。村民可以通过手机、电脑等终端,查看厕所位置信息、违建投诉等的处理结果;政府也可通过平台,收集村民、执法队员以及物联网设备上报的乡村文明信息,对违建、垃圾堆放、厕所卫生等情况进行分析和定期处理;如果遇到村庄突发状况,村委会可及时派出处理人员进行处理。

图 8-6 数智化乡村文明治理示意图

8.2.3 数智化乡村网络文化引导

乡村网络文化阵地建设是指将网络媒体作为社会主义先进文化在农村地区传播的有效渠道,乡村网络文化引导主要包括整治农村互联网非法活动、清理网络空间违法和不良信息等,通过清理整顿网络负面信息,加强内容创作和传播引导,为农村居民打造清朗健康的网络空间环境。

进入数智化时代,乡风文明的内涵已经跃迁到网络文明的层面,也给政府的管理带来新的挑战。2021 年 7 月,中央网信办、农业农村部等部门印发的《数字乡村建设指南 1.0》文件指出,对于乡村网络文化，县级层面政府应依据《网络信息内容生态治理规定》，加强对互联网信息平台违法和不良信息的巡查清理，依托互联网违法和不良信息举报平台，受理群众举报，定期开展宣传教育活动。县镇村级政府原先的人工巡查方式，已经无法解决新时代的网络问题，需要在县级政府搭建一整套乡村网络安全审计系统，对网络文化进行引导工作。

针对农村网络4G/5G、Wi-Fi、有线宽带等接入方式，数智化安全审计系统通过对融合终端嵌入GRAM（General Route Audit Mode，即审计引擎）模块，落实安全审计需求，如图8-7所示。根据公安部第82号令要求直接审计用户上网源数据，功能主要包含以下三个方面。

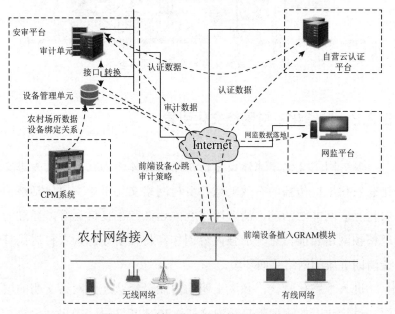

图8-7　乡村网络文化监管平台架构图

审计和记录常见上网行为：包括HTTP、即时通讯、电子邮箱、

TELNET、FTP 等常用应用协议，以及自定义协议的上网行为及账号审计，可记录百度、搜狗等主流搜索引擎的搜索关键字，对于网络异常行为系统会告警，为管理部门决策做依据。

上网行为数据记录与分析：通过网监系统对农村网络用户行为进行统计分析，包括上网终端上下线日志、上网终端上下线时间等；通过人工智能算法，系统还会分析网络舆情情感走向，提供分析报告给政府予以决策。

虚拟身份穿透性审计：对于部分通过假 IP 和假账号虚拟上网的用户，审计系统支持虚拟身份的协议分析还原、获取。

随着数智化乡村的落地，未来对农村网络文化的引导将成为基层农村政府文化振兴的重要任务；省、市、县需要通过三级的网络安全审计平台，建立与完善网络违法和不良信息举报平台，清理和下架违法违规的信息、网站、移动应用程序，联合公安网络安全部门对农村网络进行管理和查处，实现乡村网络文化振兴。

8.2.4 云浮市新兴县天堂镇"5G 直播贺新春　双城雄狮齐献瑞"

2021 年 1 月 26 日下午，新兴县天堂镇"5G 直播贺新春　双城雄狮齐献瑞"活动在朱所村九统领广场隆重举行，活动同步在南方+、新浪直播、广东移动粤享 5G、微赞平台直播。这是一场用 5G 直播新技术展示美丽乡村和乡村体育文化的新尝试，吸引了超过 100 万网友观看。

天堂镇因高地势和石灰岩地质，长期饱受饮水之困，经济发展落后，居民纷纷外出打工。随着乡村振兴战略的实施，当地政府根据本地农业发达、历史文化悠久的特点，制定了旅游兴镇的发展战略,乡村文化成为重点打造的方向。

此次直播展示的舞狮文化,是天堂镇乡村文化建设的一个缩影。该镇修缮老屋,建立了狮队历史展示间,复原了练功房,立体生动地传播了舞狮文化。舞狮之外,该镇整饬破旧农房,在村中央修建了宽敞的九统领文化广场,展示"一河两岸九统领,火烟相盖两省长"的传奇历史,也成为村民跳广场舞的乐园。据了解,该镇还在建设标准游泳池,让村民也能享受媲美城市的公共健身服务。在文化建设的支撑下,天堂镇朱所村成功创建 AAA 景区,每天都有外地游客参观。

第 9 章

数智化碳源碳汇监测：生态振兴

乡村振兴，生态宜居是关键。良好生态环境是农村的巨大优势和宝贵财富。要坚持人与自然和谐共生，走乡村绿色发展之路，让良好生态成为乡村振兴支撑点。中国的农村实际上是碳汇（吸收二氧化碳的量）和碳源（排放污染）的主要集中地，农村是碳汇集中地的原因是目前我国农村存在大量的森林植被可以做"固碳"之用，而农村的碳源是由于燃烧秸秆、施用化肥、畜牧养殖、生活垃圾等产生的废水、废气又会造成碳排放的污染。

要实现我国乡村的生态振兴，一方面要通过清洁能源、污水整治、垃圾清理等方式，减少碳排放；另一方面，要加大农村的树木保护，保持生态多样性，降低林火风险，实现碳汇的增长。两个方面对碳中和的影响一增一减，最终是否能真正实现碳中和的目标，必须要通过数智化的手段进行生态评估。只有通过5G和物联网等手段对农村的碳汇数据进行长时间监控和跟踪，才能掌握农村的生态情况是否有真正改善，也为下一步"碳交易"提供数据基础和数字资产。生态振兴，将为习总书记"绿水青山就是金山银山"赋予新内涵，"绿水青山"可以通过数智化成为"金山银山"的金融资产。

9.1　数智化碳源

治理农业农村污染，是实施乡村振兴战略的重要任务，事关全面建成小康社会，事关农村生态文明建设。2018年11月，生态环境部和农业农村部联合印发了《关于印发农业农村污染治理攻坚战行动计划的通知》，文件要求实现"一保两治三减四提升"："一保"，即保护农村饮用水水源，确保农村饮水安全更有保障；"两治"，即治理农村生活垃圾和污水，实现村庄环境干净整洁有序；"三减"，即减少化肥、农药使用量和农业用水总量；"四提升"，即提升主要由农业面源污染造成的超标水体水质、农业废弃物综合利用率、环境监管能力和农村群众参与度。为实现生态振兴战略，确实落实农村绿色生产生活的目标，2021年7月，农业农村部七部委联合印发的《数字乡村建设指南1.0》中，明确提出了要实现农业绿色生产和农村绿色生活，通过云计算、物联网、人工智能、无人机、高清视频监控等信息技术手段，对乡村居民生活空间、生活用水等进行监测，为农村人居环境综合整治提供依据。

碳源（carbon source），是指向大气中释放碳的过程、活动或机制。自然界中碳源主要是海洋、土壤、岩石与生物体。工业生产、生活等都会产生二氧化碳等温室气体，也是主要的碳排放源。这些碳中的一部分累积在大气层中，引起温室气体浓度升高，打破了大气层原有的热平衡，影响了全球气候变化。

目前，农村是我国碳源的集中地，农村的污染问题比较严重，主要集中在畜牧种植等农事生产和农村的生活排放导致的水污染、生产及生活导致的垃圾污染及焚烧秸秆和农事生产导致的空气污染等。面对农村污染，以下三个问题是农村实现生态转型、固碳减排的阻碍。

农民的环境意识较差：农村生活环境"脏乱差"现象严重，农民由于缺乏环境意识，经常把污水、垃圾随意排放，畜禽散养、秸秆乱焚烧，导致农村大气、地表和地下水污染，眼前的小成本生产生活换来的是未来污染的大投入整治。

政府监管难：由于农村土地广袤，人员众多，政府通过传统的方式对污染进行监管非常困难，造成了农村污染的无序扩展。

农村外来污染严重：农村的污染问题并不能只通过农村本身来解决，农村的污染还存在大量城市垃圾转移、工业废水排放等问题，需要形成跨区域的污染监控体系。

施行传统的农村污染监管，政府只能通过基层干部日常巡查和下去执法等人力方式进行，污染监控的全面性和广泛性难以得到保障。通过5G、卫星遥感、物联网等数智化手段，将能极大提升农村污染的监测效率，真正为国家"碳中和"战略实现农村的固碳成效。

9.1.1 数智化水污染监测

在饮用水安全问题上，一些地方政府存在"重城市轻农村"的积弊，导致城市的污水、工业的废水，由城市向农村转移，农村饮用水安全遇到严峻的挑战。造成农村水污染加剧的原因是多种多样的。近年来农村人口向集镇集中，一些经济发展较快的集镇，外来人口迅速增加，但与城市相比，农村人口聚居点往往缺少合理的建设规划和必要的基础设施，生活污水几乎都未经处理就直接排入河道。在乡镇工业造成的环境污染不见减少的同时，某些污染严重的城市工厂的污水也开始向农村转移，更加剧了农村的污染。随着农村养殖业的规模化，污染问题也日益严重，有些养殖场直接把污水甚至畜禽粪便直接排入河中，造成河流富营养化，加剧了水质恶化。农村许多人环保意识不强，生活垃圾常随意倾倒在河边或沟渠里，有些人甚至把畜禽尸体直接扔入河中。

农药和化肥的大量使用,加剧了农村河流水污染的程度。

数智化水污染监测系统可以最大限度地解决农村水污染问题。可用于水质监测的物联网设备种类丰富,包括水质分析仪、水质哨岗站、水质浮标站、水质臭氧分析仪、水质毒性分析仪、重金属分析仪、废水分析仪等,可以将这些设备布设在需要监控的河流、湖泊、水源地等区域,这些水质物联网设备将会自动地定时将水质数据通过5G、卫星等网络通信系统回传到农村水环境平台。农村水环境一张图,展现农村水质实时监测数据,以便管理部门快速、全面掌握流域水质现状,还可展现流域污源分布、污染排放情况。如图9-1所示,农村水环境一张图可以直接实现以下三大功能,实现低成本和少人力地对水污染进行全面监测。

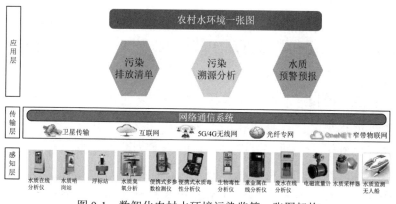

图9-1 数智化农村水环境污染监管一张图架构

农村水污染排放清单:建立流域点源、面源污染排放清单,说清污染物的来源组成,提供区域内污染物的整体分布情况及排放情况。实现水文自动测站监管,排水管网设备、运行状态监控,为农村排水问题解决及决策提供依据及管理能力。

农村水污染溯源分析:在农村重点污染源现场安装污染物排

放监测仪器，结合 5G 视频、流量计、流速计、污染治理设施运行记录仪、数据采集等仪器、仪表，实现污染源全生命周期在线监控。建立断面—河段—污染源的溯源分析模型，针对水质超标或异常情况，实现对污染来源的精准追溯。

农村水质预警、预报：基于农村各类水质监测终端，通过建立指标管理体系，在系统空间监测相应点位上显示当前的监测数据。同时，系统根据用户设定相应河流水质标准，将获得的水质监测数据与该环境质量标准进行比对，进行超标实时显示，并告警。

9.1.2 数智化空气污染监测

随着农村经济的发展，农村产业结构也发生了相应变化，乡镇村办企业如雨后春笋般蓬勃发展，随之而来的是工业"三废"对农村的污染。如砖瓦厂、石灰厂、水泥厂、花岗岩板材厂等建材企业的投产，增加了农村大气中的灰尘浓度，生产过程中还可产生烟雾、二氧化硫、一氧化碳、二氧化碳等有害气体使大气受到污染，城市周围的农村污染尤为严重。由于农村煮饭都是烧煤炭的，煤炭对农村的空气影响很大，而且农村对家庭垃圾的处理不到位，所以许多农户都乱焚烧垃圾，焚烧秸秆，或者焚烧山上野草。秸秆中的木质素、纤维素和半纤维素等易燃物质在燃烧过程中部分转化为含碳颗粒物，大量颗粒物悬浮于空中易于形成霾天气，也为雾滴的形成提供了丰富的凝结核。焚烧秸秆时，大气中二氧化硫、二氧化氮、可吸入颗粒物三项污染指数达到高峰值，其中二氧化硫的浓度比平时高出 1 倍，二氧化氮、可吸入颗粒物的浓度比平时高出 3 倍，相当于日均浓度的五级水平。农村的秸秆焚烧等问题,也直接影响了城市空气质量甚至造成雾霾天气。

农村的空气污染是目前我国"碳中和"战略和雾霾整治的一个重要领域。过去,对于农村焚烧秸秆、有害气体违规排放等污染行为,政府只能通过人工巡查执法的方式进行整治。农村偷排有害气体、违规焚烧秸秆等行为通常较为隐秘,人工巡查一般很难发现并及时阻止。因此,如图9-2所示,需要通过数智化手段,利用空气质量检测物联网设备及卫星遥感,全方位监测农村空气质量,并通过5G等网络回传到控制质量数据中心,实现农村空气质量监测一张图,全面广泛地对农村空气污染实现以下三个功能。

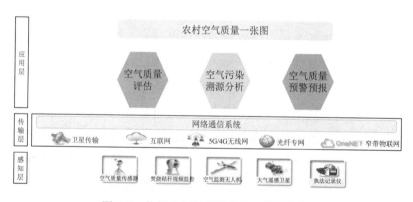

图9-2 数智化空气质量监管一张图架构

农村空气质量评估:运用卫星遥感、物联网等技术对空气气量全方位监测得来的数据,对空气质量进行实时评估,主要是为农村的气体、焚烧等可能性空气污染行为建立负面清单,并制订排放计划。

农村空气污染溯源分析:农村的空气污染一般来源于本地自身污染和外来污染两种可能。首先需要通过系统应用对空气污染的传播来源进行区分。对于本地产生的污染，系统将提供污染源的分析和定位，给予执法人员具体污染指示信息。对于农村区域外来源的污染，可通过卫星遥感、无人机等技术定位污染源，给予政府协调判断信息。

农村空气质量预警预报：通过视频监控、无人机等方式，对农村内会造成空气质量污染风险的行为，如焚烧秸秆、山火、有害气体排放等进行预警，通过系统及时通知执法人员进行处理。如污染行为已经发生，则通过系统预测污染传播路径和方式，提前防范农村空气的恶化。

9.1.3　数智化垃圾污染监测

随着经济社会的快速发展，群众生活水平的不断提高，农村日产垃圾数量持续递增，而垃圾处理工作比较滞后，脏、乱、差的现象仍时常出现。目前，农村垃圾处理基本采取集中填埋的方式，以简单堆放为主，甚至只是采用简单的露天堆积，无法从根本上解决垃圾的去向问题。垃圾没有进行无害化处理，导致分散的垃圾污染变成集中污染或二次污染。另外，垃圾处理设施和资金不足，也限制了农村垃圾处理。政府是推行垃圾集中收集处理的实施主体和责任主体，承担垃圾填埋基础设施建设的配套投入，而且还要承担垃圾中转站的运行、维护和人员工资以及村保洁员的劳动补贴。由于镇财力有限、村集体经济薄弱，多数农村难以承受这么大的财政负担。

运用数智化手段，可以让政府通过低成本方式监管农村垃圾的堆放、处理、运输等问题，同时结合对村民的线上教育与宣传，加强农民的环保意识，解决垃圾乱扔乱放问题。另外，对于政府的垃圾站等专项投入，可通过信息化手段进行项目资金监管，切实落实政府垃圾处理的项目投入。如图 9-3 所示，具体的农村固态垃圾一张图可实现以下 4 个功能。

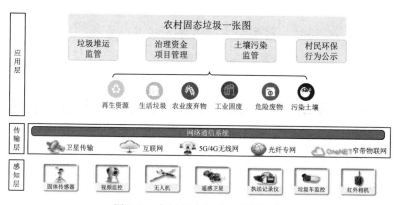

图 9-3　农村固态垃圾一张图架构

农村垃圾堆运监管：农村面积广袤，监控困难，卫星遥感技术成本低，可以监控到农村的垃圾堆放问题。对于农村垃圾违规堆放、违规填埋等问题，卫星数据可以为平台提供监管和告警的依据。对农村的垃圾运输车辆可通过物联网设备和视频进行监控，实时监管车辆是否有违规倾倒垃圾等现象。

农村垃圾治理资金监管：农村垃圾处理最大的问题是资金不足，但是随着国家乡村振兴战略的逐步落地，对于生态振兴、垃圾整治等资金的投入会逐步到位。农村垃圾治理一张图提供的项目资金管理子系统，可以切实监管项目落地，并给予项目效果后评估结果，提升资金利用效果。

农村土壤污染监管：农村生活和生产固态垃圾对土壤的污染最为直接，处理不当会造成土壤长期重金属超标和盐碱化等问题。应用物联网设备对土壤关键指标进行监控，如果出现土壤污染超标等现象，可通过系统告警，采取专业处理。

村民环保行为公示：很多农民对农村"脏、乱、差"现象习以为常，缺乏遏制环境污染的主观性，仍然存在"干部干，群众看"现象。对于村民乱扔垃圾、乱堆放杂物等行为，平台系统通过手机 APP、PC 终端、村委会大屏幕等方式进行公示，并给屡教不改的村民提供环保教育，切实让生态环保成为村民的日常。

9.1.4 新泰市光伏+大棚，实现现代农业"农光互补"需求

山东省新泰市曾经是全国重点采煤大县，中华人民共和国成立以来，共生产原煤 4.7 亿吨。由于煤炭资源长期被大量开采，造成土地大面积塌陷，导致水土保持条件丧失，耕种条件被破坏，土地废弃，昔日热火朝天的煤田，逐渐成了"无人区"。为改善当地生态环境和经济模式，近年来，政府积极发展智慧光伏农业，利用采煤沉陷区大量废弃土地建造光伏大棚，棚顶安装太阳能电池板发电，棚内种植有机农产品，依托云计算平台，对近一万个大棚实施智能化管理，让菜农可以实时监测每个温室大棚内的各项环境指标。同时，平台还可以结合农作物生长模型，做出智慧化决策，比如自动调控卷帘、风机、灯光等设施，不断优化种植方案，为广大菜农提供产出效益的最优解。

"移动云+技术服务+数据平台"三位一体综合智慧农业服务平台，为乡村振兴发展带来三方面价值：一是实现采煤沉陷区治理效益的综合提升，已修复沉陷地 2.8 万亩，生态系统宏观结构改善；二是使新泰市现代农业产业园年均发电收入 10 亿元，年均收入 4 亿元，打造转型升级新业态；三是该园区农业收入 1.5 亿多元，可解决 1000 多农民的就业问题，人均年收入 6 万元左右，

树立群众致富增收样板，成功为云计算、物联网、5G 等技术助力农业信息化提供了可复制案例，使之成为"光伏 + 沉陷区 + 农业 + 文旅"特色农业经济模式的样板项目。

数智化的农业生产方式，让原本污染的沉陷区变为了节能减排的先行区。随着移动云和新泰市的成功经验在全国大面积复制，越来越多的农村和农民将迈进智慧化、数字化时代，真正实现乡村振兴、生态振兴。

9.2 数智化碳汇

应对气候变化，我国提出"二氧化碳排放力争于 2030 年前达到峰值，努力争取 2060 年前实现碳中和"，"到 2030 年，中国单位国内生产总值二氧化碳排放将比 2005 年下降 65% 以上"等目标承诺。我国提出的新目标中，森林蓄积量将比 2005 年增加 60 亿立方米，森林碳汇将在实现碳中和目标过程中扮演越来越重要的角色。林业和草原应对气候变化的地位和作用，被提升到新的高度，森林固碳是减缓气候变化的主要途径之一，近年来我国开展了大规模国土绿化行动。

党的十八大以来，党中央、国务院更加重视林业，习近平总书记对生态文明建设和林业改革发展做出了一系列重要指示批示，特别指出，林业建设是事关经济社会可持续发展的根本性问题，是关乎生态文明建设成效、实现美丽中国的关键。党的十九大报告中，将生态文明建设放在重要战略位置，随着"绿水青山就是金山银山"等重大理论创新，林业被赋予了全新使命，也对林业改革提出了新理念、新要求。2021 年 10 月，国务院关于印发《2030年前碳达峰行动方案的通知》也指出，要提升生态系统碳汇能力。实施生态保护修复重大工程。到2030年，全国森林覆盖率达到25%左右，森林蓄积量达到190亿立方米。

下面解释几个双碳的基本概念：

碳达峰，是指我国承诺2030年前，二氧化碳的排放不再增长，达到峰值之后逐步降低。

碳中和，是指企业、团体或个人测算在一定时间内直接或间接产生的温室气体排放总量，然后通过植树造林、节能减排等形式，抵消自身产生的二氧化碳排放量，实现二氧化碳"零排放"。

碳汇（carbon sink），是指通过植树造林、植被恢复等措施，吸收大气中的二氧化碳，从而减少温室气体在大气中浓度的过程、活动或机制。

要实现数智化林业的发展，真正让我国森林成为固碳和碳汇的"车间"，目前仍然存在困境与挑战，主要有三个方面。

基础设施装备落后：森林防火、野生动植物保护、资源管理、林业执法、有害生物防治等现代装备手段落后，基层站所基础设施装备落后。

管理服务水平不高：管理较为粗放，难以做到精准保护、精准建设。林业大数据融合度低，互联网等现代先进技术应用不足。

林业产品供给能力不足：生态体验设施缺乏，森林湿地难以感知，生态资源还未有效转化为优质的生态产品和公共服务，生态服务价值未充分显化和量化，生态服务已经成为我国与发达国家的最大差距。

针对以上三个林业信息化问题，国家出台的政策也明确指出，通过5G、物联网、大数据等新一代技术，将是林业现代化发展的新引擎。在 2021 年 7 月国家林业和草原局发布的《"十四五"林业草原保护发展规划纲要》指出：应用新一代信息技术，与林业各项业务深度融合，全面提升林业现代化水平。深化遥感、定位、通信技术全面应用，构建天空地一体化监测预警评估体系，建设林业云平台、物联网、移动互联网、大数据、"天网"、信息灾备中心等，夯实和提升林业信息化基础支撑能力，形成立体感知、互联互通、协同高效、安全可靠的"互联网+"林业发展新动力。同时，在国家林业和草原局 2019 年 9 月发布的《中国智慧林业发展指导意见》也指出：智慧林业是指充分利用云计算、物联网、大数据、移动互联网等新一代信息技术，通过感知化、物联化、智能化的手段，形成林业立体感知、管理协同高效、生态价值凸显、服务内外一体的林业发展新模式，是未来林业创新发展的必由之路。

为实现林业现代化的发展，实现未来数智化林业目标，全面为我国"碳中和"目标提供数据基础，需要通过物联网、卫星遥感、无人机等各种新技术，在林区内搭建具有综合管理能力、人工巡检管护能力、定点检测能力、机载监测能力，以及卫星遥感监测能力的数智化林业云平台，如图 9-4 所示。通过 5G+ 数智林业云将数据回传到后台，通过 PC、手机、数据中心大屏等综合展示方式，为林区管理人员提供综合指挥中心、运营及信息服务中心和林业大数据中心三大中心服务，最终实现"林业一张图"管理全国、全省、全市、全县的林区资源。

图 9-4　数智化林业云平台架构示意图

众所周知，5G 由于高频的原因，覆盖广度和穿透力确实存在一定的缺陷，但是随着 5G 700MHz 黄金频段的开放，预计未来 5G 700MHz 将会在我国林区大规模使用，同时配合龙伯球透镜天线，将从根本上改善 5G 的广域覆盖范围。从图 9-5 所示的 5G 两种主要频段覆盖测试对比可知，5G 700MHz 的覆盖范围是一般的 3.5GHz 频段的 5～8 倍。配合龙伯球透镜天线使用 5G 700MHz 对林区进行网络覆盖，将能极大减少基站的建设数量，同时也会大大降低网络建设成本。

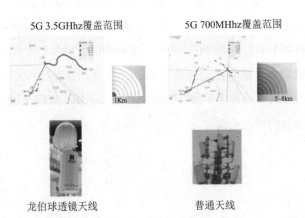

图 9-5　5G 700MHz 黄金频段 + 龙伯球透镜天线增加林区覆盖广度

9.2.1 数智化林长制

2021年1月,中共中央办公厅、国务院办公厅印发《关于全面推行林长制的意见》,对全面推行林长制、保护发展森林草原资源提出明确要求。这是加强生态文明建设、为保护发展林草资源提供强大的制度保障。总结国家推行"林长制"三个字的战略,核心是要从制度上保障林区和人的责任之间的关系,但是推行林长制面临着以下三个数据困境。

林区信息孤岛现象:林区监管信息只有相关工作人员才能掌握,普通群众无法了解周边林区的情况,不能透明地掌握相关信息。林区巡检过程中,相关数据没有进行科学处理,发现的问题不能进行统一分类处理,对于相关数据无数据分析,不能根据以往工作指定下一步工作计划。

数据管理成本极高:现阶段林区巡检采用人工报表、手写等形式进行数据上报,无统一标准格式,随时间积压、数据量庞大,观看效果不明显,管理工作量大。传统林区管理流程中,上级领导不能及时掌握林区负责人的工作情况,往往出现"浑水摸鱼"的现象,某些负责人不认真工作,无统一的监管制度。

林长人员效率低:传统的林区巡检只能靠人员现场观看,凭借手动记录,"记忆性"记录,问题反馈不及时,管理流程杂乱,效率较为低下。

要解决目前林长制问题,需通过5G、卫星遥感、物联网、无人机等新的数智化感知网络和设备,来搭建林长制的指挥调度平台。平台包含人工巡检管护和应急管理两大子模块。

人工巡检管护:主要解决林长责任人员日常工作,即人在哪里、人员基本信息、能力水平提升三大问题。由于目前林长人员的受教育程度较低,且日常工作无法监管,需为林长人员配备5G+北斗智能终端设备,设备提供定位监测、人员考核、巡护事件监测等功能。同时,如果林长人员发现了自身知识无法解决的问题,管护终端和系统还提供远程专家指导和日常培训等功能。

应急指挥管理:除了林长人员日常巡护工作外,还需要对林区进行集中化管理,如林区遇到车辆和人员违法入侵、人为破坏等情况,系统需要告警并派出林长人员进行处理。另外,对于林长制对于林区的生态修复,也需要通过数字化进行评估和展示。

9.2.2 数智化生态监测

为实现我国"碳中和"和"碳达峰"的双碳目标,我国的林区生态修复显得极为重要,2020年6月,由国家发改委、自然资源部会同科学技术部、财政部、生态环境部、水利部、农业农村部、应急管理部、中国气象局、国家林业和草原局等有关部门,在充分调研论证的基础上,共同研究编制的《全国重要生态系统保护和修复重大工程总体规划(2021—2035年)》(以下称《总体规划》),明确要依法追究林区等生态环境破坏的责任,加快构建"多规合一"的国土空间的规划体系,并强化用途管制,要统筹划定严守生态保护红线、永久基本农田和城镇开发边界这三条控制线,以及海域的各类保护线,要确保生态空间面积不减少、性质不改变、功能不降低。

《总体规划》在明确目标的同时,也提出了目前生态监测存在的科技问题,生态保护和修复标准体系建设、新技术推广、科研成果转化等方面比较欠缺,理论研究与工程实践存在一定程度的脱节现象,关键技术和措施的系统性和长效性不足。科技服务平台和服务体系不健全，生态保护和修复产业仍处于培育阶段。支撑生态保护和修复的调查、监测、评价、预警等能力不足，部门间信息共享机制尚未建立。

林区的生态修复和生态监测需要在林区内建设大量物联网、卫星遥感、视频监控、无人机等感知点，通过4G/5G无线网络、光纤等有线专网及卫星传输通信，将感知数据汇聚到生态监测云平台，并通过平台实现生态监测基础功能，包括以下五个方面。

林区资源监管：整合卫星遥感和物联网等数据，统计出林区的林地资源、森林树木资源；通过碳卫星和物联网设备监测林区碳浓度，确定林区固碳值；通过确定林区土地、树木、固碳等资源，为林区管理者和政府提供管理决策的依据，也为未来碳交易建立了数据基础。

野生动物监测：林区动物生态保护是生态监测的重要一环，通过野生动物监测子系统，建立珍稀物种、野生动物管理数据，实现物种识别和物种分析监测功能，为林区管理和保护形成数据依据。

生态因子监测：通过物联网设备，监测林区的气象、土壤、水体、空气等生态因子，对于气象、空气异常等现象进行告警，并形成长期的历史数据提供给生态保护管理。

过境活动监测：林区生态保护，需要限制外来人员进入与破坏，需通过物联网、无人机、卫星等电子围栏技术，对林区过境车辆、人员进行监管。如果遇到违法、违规进入和过境的人员和车辆，系统要即时告警与通知林区管理人员处理。

生态灾害监测：林区最大的生态风险来自火灾，需要通过卫星和视频监控、无人机等技术，及时对火灾信息进行监控和处理。林区如果遇到外来物种监测、病虫害和其他疫情，也需要通过卫星遥感、无人机等方式进行告警。

遥感卫星能对生态系统碳吸收进行全方位监测,可以准确度量碳汇资源、评估固碳能力。目前,通过监测二氧化碳浓度追溯碳排放的方法对于评估温室气体减排最为直接。大气二氧化碳浓度测量主要依赖于观测和模拟。传统大气二氧化碳观测方法,虽然精度较高,但都是单点测量且站点有限,而采用卫星遥感方式则可以在全球大范围二氧化碳统一监测中发挥极大作用,可以通过大气输送模型模拟二氧化碳传输过程以及某一时刻、某个地点大气二氧化碳的含量。目前,可对二氧化碳进行监测的卫星有日本 GOAST(搭载红外及近红外碳传感器)、美国 OCO-2 以及中国碳卫星(TANSAT,搭载高空间分辨率的高光谱温室气体探测仪)。通过卫星数据的反演算法获得较高精度的二氧化碳数据,表现为利用二氧化碳浓度观测结果,结合气象场资料和大气传输模式,利用同化技术来"反演"通量,最终估算区域源汇。

9.2.3 数智化林区智能管理

除了林区的生态监测和林长制管理外,林区的智能管理也非常重要。由于目前林区内的信息化水平比较低,管理较为粗放,难以做到精准保护、精准建设,需建设一套林区智能管理系统来提升林区管理能力具体包含以下两个方面。

林区运营管理:包含林区的信息新闻公告,通过运营商个人基站定位和 GPS、北斗导航系统的定位数据,对林区人流进行分析,同时提供手机小程序进行林区票务管理和电子导览与导航。

林区运维管理:基于林区资源等综合数据库,建立林区的森林资源地图管理、基础设施管理。通过一张图展示林区基础资产信息,并通过系统提供林区资产的交易管理,包含林地交易、森林树木资源交易等。

整个林区智能管理可以通过建设一个指挥中心，结合林长制管理、生态监测等，通过指挥中心大屏，为管理者展示"林业一张图"，实现林区的资源、人员、管理可视化。

9.2.4 广东全面推进林长制，加快建设"森林广东"

自2021年起，广东省将全面推行林长制，把建立林长体系作为第一任务，各市、县分别由党委主要领导同志兼任第一总林长，政府主要领导同志兼任总林长。到2021年底，基本建立省、市、县、镇、村五级林长体系。加快建设"森林广东"，为本省经济社会高质量发展提供强有力的生态支撑。切实增强做好自然保护地管理和推行林长制工作的责任感、使命感和紧迫感；到2025年，要完成南岭国家公园主要建设任务和自然保护地整合优化，力争自然保护地建设管理工作走在全国前列。

林长制有利于建立健全森林资源保护发展责任体系；加强组织保障，推动自然保护地管理和林长制工作取得新成效。广东省林业局森林保育中心通过融合升级北斗及4G、5G终端，搭建林长制云平台，新建指挥调度系统、GIS系统、"和对讲"、多媒体系统等系统，进行现场拍照、摄像、录音、定位、导航、直播等多手段，针对森林防火、野生动物、病虫害、乱砍滥伐、偷砍盗伐林木、非法侵占林地、开山炸石、开矿采砂、乱捕滥猎、破坏野生动植物资源等行为，及时有效地采取措施组织扑救和制止，并向指挥中心报告情况，同时可将现场情况直接传送到指挥中心的大屏，巡察记录通过物联网平台保存到云平台，形成林业工作大数据，为后期工作的开展起到明确的指导作用。

图 9-6　广东推行"林长制"通过平台＋终端实现森林资源一张图管理

项目为广东全省 3 万个护林员提供了北斗＋5G 智能终端,包含了前端数据采集系统、数据传输系统、后台指挥调度系统。通过移动互联网、物联网、云计算、GIS、多媒体直播等技术,实现林区网格化无盲区高科技管护,让护林工作"可视、可控、可查",解决了工作难以统一调度、管理、量化的问题,健全了工作体系,形成了可分解、可实施、可监测、可考核的指标体系,推动了林长制工作科学化、规范化、长效化,为加快完善公益林保护、林业投融资、基础设施建设、科技支撑等方面政策措施,提供有力保障。

9.3　数智化碳循环农业

为实现我国的"双碳"目标,除了要做好固碳和减排,通过数智化手段提升我国碳源和碳汇监测水平,我们还需要运用数智化手段提升我国生态农业、碳循环农业的水平。我国农业废弃物种类多、数量大、利用低、污染重,发展循环农业是促进农业节能减排的重要途径之一。种植业、畜牧业、渔业所产生的秸秆、畜粪、沼渣等有机废弃物对环境以及农村温室气体"排"与"固"有着极其重要的影响。当前，我国化肥、农药年施用量均为世界第一。化肥、农药等高碳型生产资料的过量投入，导致资源效率低，浪费大，环境风险高，通过推行畜禽粪污能源化利用的长效机制，研发畜禽粪污低碳绿色处理技术模式，全面推进有机肥替代化肥行动，实现农业碳消耗的减少。

为推广碳循环农业的发展模式，农业部2017年印发了《种养结合循环农业示范工程建设规划》的通知，要求加强种养结合、促进农业循环经济发展以及启动实施种养结合循环农业示范工程等有关要求，推动农业生产向"资源－产品－再生资源－产品"的循环经济转变，加快促进种养结合循环农业发展。

种养结合的循环农业无疑是在农村促进"双碳"目标的一个重要创新举措，5G、大数据、物联网等数智化手段将极大地促进碳循环农业的下一个阶段转型发展。

9.3.1 数智化农业循环高标准农田

党的十九届五中全会明确提出，实施高标准农田建设工程，"十四五"规划纲要和近年来中央一号文件均对编制实施新一轮全国高标准农田建设规划做出具体部署。为此，农业农村部牵头制定了《全国高标准农田建设规划（2021—2030年）》，核心是要建设土地平整、集中连片、设施完善、农田配套、土壤肥沃、生态良好、抗灾能力强，与现代农业生产和经营方式相适应的旱涝保收、高产稳产，划定为永久基本农田的耕地。

与传统的数智化种植方式不同，高标准农田不仅要针对种植形成数智化的解决方案，还需要重点打造30字的高标准农田数智化核心：" 田成方、土成型、渠成网、路相通、沟相连、土壤肥、旱能灌、涝能排、无污染、产量高"。因此，需打造"一中心＋六系统"的高标准农业平台来实现未来高标准农田数智化集中管理。"一中心"即数智化高标准农田云中心，汇聚整个高标准农田的数据形成数据中台与集中管理，采取不同账号、不同权限的方式给政府、企业、农户提供不同的服务。"六系统"则确保高标准农田的30字建设方针精准实施。

生态灌溉系统：农田的灌溉水质，对于打造具备循环农业的高标准农田非常重要。除了通过改造灌溉系统实现自动化灌溉，还需要实时监测水质，对于突发污染要实时告警。

农田遥感系统：通过无人机、卫星遥感数据，对农田的种植面积、灌溉水渠、农田道路等进行监管，确保符合高标准农田的建设标准。

田园文旅综合系统：高标准农田建设的核心之一是打造田园文旅综合体，因此需要通过系统对游客、民宿、旅游等资源进行集中管理。

无人植保系统：应用无人机、物联网设备、无人农机等，自动采集、分析、存储农田病情、虫情等信息，具备病虫害疫情监测、疫情分析、疫情预警功能。同时，可以通过无人机实行病害自动喷防。

气象监测及灾害预警系统：对气象12要素（环境温度、环境湿度、风速、风向、气压、雨量、太阳辐射、蒸发、土壤pH值、土壤温度、土壤湿度、二氧化碳）的功能，通过气象卫星及气象物联网工作站的数据进行实时监测，对气象异常、病害、灾害提前预警。

有机肥料监管系统：对于生态农业或者碳循环农业来说，使用畜禽粪等有机肥料是减少污染和碳排放的核心,因此需要通过系统统一对畜禽粪等肥料入库、施肥、排放进行管理。

9.3.2 数智化生态循环美丽鱼塘

随着我国渔业养殖的快速发展,鱼塘老化、污染问题也日渐严重,造成鱼类的大量死亡,明显降低了鱼类的产量和质量,使养殖户收入遭到巨大损失,同时也给渔业产区的周边环境带来了严重污染。所以,须高度重视鱼塘养殖污染的防治。造成鱼塘养殖污染的原因主要有下面三个方面。

滥用药物:随着养鱼量的增加,投饲量的递增,养殖水体会受到外界的严重污染;农田用肥用药的渗透和流淌,使养殖水体中物质成分复杂。这些因素加大了鱼塘准确施药的难度,养殖者难于掌握药量,甚至有些养殖户乱投药,出现用药效果不佳,甚至是用药后反而加剧鱼类的死亡等现象。

清淤不及时:若鱼塘长年不清塘,鱼类吃剩的饲料、鱼类排泄的粪便、水中枯死的藻类植物等大量腐烂下沉,在塘底积成厚厚的黑色淤泥,使下层水长期处于缺氧状态,并产生一些有毒物质,成了致病菌、寄生虫的温床。这是鱼类病害发生的诱因之一。

残饵过剩:农村的养鱼户过度注重产量和收入,常盲目扩大养殖密度;为了节约成本,采用人工投饲,造成投喂饲料超量、投喂方法不妥、所喂饲料品质差等情况,最终导致残饵过剩,造成污染。

解决渔业养殖污染问题的方式,是采用数智化手段辅助建设新时代的"美丽鱼塘"。5G美丽鱼塘云平台是一个面向水产养殖户和养殖企业的物联云平台,借助物联网、大数据、人工智能等现代信息技术，通过与水产养殖活动的深度融合，实现在水质监测、尾水监测和处理、投喂管理、投入品管理等领域的创新应用，推动养殖的标准化和规范化，推进尾水治理，杜绝尾水超标排放，全面助力百万鱼塘升级改造，构建中国"美丽鱼塘"。

5G 美丽鱼塘云平台为水产养殖户和养殖企业提供五大功能，全力推进鱼塘的网络化、数字化和智能化改造，推进构建生态循环的美丽鱼塘。

智能看塘站：结合摄像机的自动巡检和图形识别技术，可以自动对厂房、鱼塘进行巡检，识别异常事件，记录重要片段，并和云平台实现数据互联互通。结合无人机巡塘，按照规划路径巡航，俯拍鱼塘高清晰图片，实现智能巡检，提高巡塘效率。可以实时查看鱼塘环境和水色变化情况。

水质监测系统：可以实时监测养殖水体的水质变化情况，并及时预警和告警；可以联动增氧机自动进行增氧；结合便携式水质监测系统，可给园区的技术人员使用，每天巡检的时候做自动的水质监测和记录，大大减少每天巡检的工作量。

智能投喂：智能设置，远程控制，更精准控制鱼塘投饵机的投饵量和投饵过程，节省饲料投入，降低水体污染。

尾水处理：建设统一的集装箱，进行养殖尾水的集中化和统一处理，包含养殖尾水的固液分离、脱氮、除磷和消毒等多个程序，实现循环利用或达标排放。

智能管理：水产品溯源系统为每个鱼塘建立档案，实现一塘一码和全程溯源；实现投入品管理，规范药品的使用，确保水产品质量安全，助力企业产品品牌提升。通过管理系统，对养殖水质、死鱼、鱼病进行统计和分析，并对鱼苗、投入品、药品投入进行分析，做到精细化管理，降低养殖污染概率。

9.3.3　湖州数智化桑基鱼塘，新时代的生态"养鱼经"

桑基鱼塘是种桑养蚕同池塘养鱼相结合的一种生产经营模式。在池埂上或池塘附近种植桑树，以桑叶养蚕，以蚕沙、蚕蛹等做鱼饵料，以塘泥作为桑树肥料，形成池埂种桑、桑叶养蚕、蚕蛹喂鱼、塘泥肥桑的生产结构或生产链条。二者互相利用，互相促进，达到鱼蚕兼取的效果。

桑基鱼塘系统起源于春秋战国时期，已有2500多年历史。桑基鱼塘系统是一种集多种生产类型为一体的生态循环经济模式，利用生物互生互养的原理，低耗、高效地精耕细作，对自然环境进行了保护，这是一个人与自然和谐相处、营造生态文明的典范，是当今世界公认并推广的一种农业生态系统。

在联合国粮食及农业组织主办的第五届全球重要农业文化遗产国际论坛上，湖州"桑基鱼塘"入选全球重要农业文化遗产保护名录。联合国教科文组织评价为"世间少有美景，良性循环典范"。湖州桑基鱼塘系统具有优美农业景观和诗意田园生活：正月、二月要管理桑树，放养鱼苗；三月、四月为桑树施肥；五月、六月养蚕卖蚕，蚕蛹用来喂鱼；七月、八月鱼塘清淤，用塘泥培固塘基；年底几个月除草喂鱼捕鱼卖鱼。这个桑基鱼塘系统为城乡提供了大量生态、安全、优质的淡水鱼类和桑叶茶、桑叶粉、桑葚及其加工产品，以及蚕蛹、蚕丝蛋白食品及其加工产品。

在乡村振兴政策指引下，湖州市政府以数智化驱动渔业生产智能化，大力推进大数据、物联网、人工智能等在现代渔业的应用，大力发展工厂化设施养殖、池塘循环水"跑道"养殖等高效模式，打造了一批省级数字农业工厂试点示范主体。重点扶持应用物联网智能养鱼模式，推广渔业物联网5000余户，助力养殖主体实现生产信息动态监测、设施装备自动控制。以数智化驱动渔业管理高效化,大力推进尾水治理智慧化监管,以德清县建成的全国首个尾水治理信息化管理平台为示范,推进各级尾水治理监管平台建设,形成网格化管理。以数智化驱动渔业经营网络化,积极引导渔业主体加快"电商换市"步伐,以"互联网+"培育水产品营销新业态,培育了"渔业渔都公共服务""水产1588"等平台,水产品电商年销售额突破16亿元。还创新推行"黑里俏芯片鱼""数字生态渔仓",实现了小、散养殖户水产品的库存数字化和品控全程化。

9.4　数智化碳交易

目前,全球每年向大气排放约510亿吨温室气体,要避免气候灾难,人类必须停止向大气中排放温室气体,实现零排放。《巴黎协定》所规定的目标,是要求《联合国气候变化框架公约》的缔约方,立即明确国家自主贡献减缓气候变化,碳排放尽早达到峰值,在本世纪中叶,碳排放净增量归零,以实现在本世纪末将全球地表温度相对于工业革命前上升的幅度控制在2℃以内。作为世界上最大的发展中国家和最大的煤炭消费国,中国尽快达峰以及与其他国家共同努力到本世纪中叶左右实现二氧化碳净零排放对全球气候应对至关重要。为此,2020年,中国基于推动实现可持续发展的内在要求和构建人类命运共同体的责任担当,宣布了碳达峰、碳中和目标愿景。

森林碳汇,是指森林植物吸收大气中的二氧化碳并将其固定在植被或土壤中,从而减少该气体在大气中的浓度。森林是陆地生态系统中最大的碳库,在降低大气中温室气体浓度、减缓全球气候变暖中,具有十分重要的作用。通俗地说,森林碳汇主要是指森林吸收并储存二氧化碳的多少,或者说是森林吸收并储存二氧化碳的能力。有资料说,森林面积虽然只占陆地总面积的1/3,但森林植被区的碳储量几乎占到了陆地碳库总量的一半。所以,森林与气候变化有着直接的联系。树木通过光合作用吸收了大气中大量的二氧化碳,减缓了温室效应。

碳交易是为促进全球温室气体减排,减少全球二氧化碳排放所采用的市场机制。碳交易基本原理是,合同的一方通过支付另一方获得温室气体减排额,买方可以将购得的减排额用于减缓温室效应从而实现其减排的目标。2011年10月国家发改委印发《关于开展碳排放权交易试点工作的通知》,批准北京、上海、天津、重庆、湖北、广东和深圳七省市开展碳交易试点工作。2013年6月18日,深圳碳排放权交易市场在全国率先启动交易。2019年10月3日,伊春市与河南勇盛万家豆制品公司签订碳汇认购协议,实现了国内购买森林经营碳汇的第一笔交易,交易金额为30元/吨。2021年7月16日上午,上海环境能源交易所全国碳市场正式启动上线交易,碳配额开盘价为48元/吨。第一笔成交发生在开盘后的第二分钟,价格为每吨52.78元,总共成交16万吨,交易额为790万元。

根据Refinitiv统计,2020年,全球碳市场规模增长20%,市场规模已经达到2720亿美元。碳市场作为温室气体重要减排工具,其作用日益增强。截至2020年,全球碳市场的覆盖范围包括1个超国家碳市场(欧盟)、8个国家碳市场和24个地区碳市场(icap)。欧洲碳市场(EU ETS)启动于2005年,是目前全球最大的碳排放交易体系,2021年2月,欧洲碳配额价格突破

40欧元，创历史新高。

对于欧洲等发达国家碳交易市场，我国的碳配额价格还有很大的增长空间。我国应充分借鉴欧盟碳市场的价格稳定机制和美国碳市场的政策规则，发挥5G、卫星遥感（碳卫星）、人工智能、大数据、区块链等技术基础上的金融科技优势，设计多层次金融衍生品，打造数智碳交易平台。充分利用传感器和物联网监测技术，加速对7大碳排行业的排放精准测算，并构建相关数据仓库；通过大数据系统实现对减排核查，制定精准碳配额，推进更多的行业加入碳交易市场。

在实现碳中和的状态之前，需要通过碳达峰来进行阶段性的管理。预计我国将采用指标+碳汇的方式进行管理。从整体来看，将有7种机构两个交易对手参与全部指标与碳汇方面的工作，7个机构及职能如下。

监管机构。主要负责碳汇指标的发放与企业排碳情况的监控。

金融机构。为各方提供常规金融服务，包含碳汇项目的融资与环境责任保险等。

审核机构。受雇于政府，负责审计审核机构排碳企业真实状况。

排碳企业。联合碳汇服务商进行碳规划，碳汇项目的直接出资方，指标可同业间买卖，但须在交易平台上进行。

碳汇服务商与开发商。帮助排碳企业评估排碳量，帮助企业获得最优惠程度的碳指标，并根据不足的部分开发碳汇项目，以补充企业排碳指标。

碳汇项目标的公司。林业、新能源、环保等一切可提供碳汇的项目载体。以碳中和为目的的项目要求比较苛刻。

交易、监测、检测技术供应商。为了更方便地辅助全社会对排碳情况的了解，各方均需要通过数字化工具，以可量化的方式进行评估。这些供应商就是以硬软件的方式，提供相应产品的公司。

以上 7 种碳交易机构，未来将通过数智化碳交易平台，与碳排放指标的个人及做市商进行交易，从而形成碳汇价格。数智化交易平台将通过 5G、碳卫星、人工智能、大数据等技术沉淀碳排放监测能力，并监测碳汇增量数据，服务于下一步碳达峰监测和碳中和提供第三方交易数据。

# 第 10 章
数智化基层提效：组织振兴

组织振兴是乡村振兴的保障条件,就是要培养造就一批坚强的农村基层党组织和优秀的农村基层党组织书记,建立更加有效、充满活力的乡村治理新机制。"村看村、户看户、农民看支部"。农村基层党组织是党在农村全部工作和战斗力的基础,是农村各种组织和各项工作的领导核心,必须要强化基层党建工作。新时代实施乡村振兴战略要充分发挥党支部战斗堡垒作用和党员先锋模范作用,铸造脱贫攻坚"主心骨",凝聚起脱贫致富、奋进新时代的磅礴力量,带领人民群众打好打赢脱贫攻坚战,跃上乡村治理新台阶。

运用数智化的手段,不仅能将党建工作直接、高效地渗透到农村基层,还能切实提升农村的政务信息化、远程医疗、居家养老等水平,减轻基层政务人员的工作负担。同时,数智化将加速推进农村的组织改革,将小农经济下的分散农户,逐步改造成为集体股权所有制的现代化合作社,让农民在市场经济下享有更大的主体权益,切实提升收入。

10.1 数智化农村基层组织服务

农村基层党组织是凝聚农村广大农民与干部的坚实基础,农村基层党组织的建设将是农村的经济发展和社会稳定的坚强组织保障。经济、社会的发展,对农村党员特别是党的基层干部的要求越来越高，为了更好地加强基层党组织建设，应该对村党组织存在的主题问题有所了解。

基层党务信息传递不流畅：农村党支部书记的党务知识较少，支部活动开展的方式单一，一定程度上造成了党组织的凝聚力、战斗力减弱，党员的先锋模范作用得不到充分体现。

基层村务公开与村民参与不足：基层村务工作存在不公开、不透明的现象，由于部分基层党员干部教育程度和意识问题，致使村务长期由少数人决策，缺乏村民广泛参与。

村组织对村民管理手段缺乏：村党支部对党员的管理办法少，措施不得力，存在着重发展、轻管理的情况。

针对农村基层组织建设的问题，2019年6月，中共中央办公厅、国务院办公厅印发《关于加强和改进乡村治理的指导意见》。文件指出，到2020年，现代乡村治理的制度框架和政策体系基本形成，农村基层党组织更好地发挥了战斗堡垒作用，以党组织为领导的农村基层组织建设明显加强，村民自治实践进一步深化，村级议事协商制度进一步健全，乡村治理体系进一步完善。到2035年，乡村公共服务、公共管理、公共安全保障水平显著提高，党组织领导的自治、法治、德治相结合的乡村治理体系更加完善，乡村社会治理有效、充满活力、和谐有序，乡村治理体系和治理能力基本实现现代化。同时，在2019—2020年中央一号文件中，也明确要求完善乡村治理机制，要求进一步深化改革，健全农村基层党组织运转保障机制，推进农村党组织标准化建设，发挥村级集体经济的支撑作用，切实发挥党支部的战斗堡垒和党员的先锋模范作用。结合实际，制定措施，进一步创新服务方式和帮扶带动模式，强化党支部在精准扶贫工作中的主导作用。

对于农村的基础党务、政务等工作，目前数字政府、数字政务等技术已经大规模地在一、二、三线城市政府中运用。对于农村基层党组织存在的管理问题，可以通过5G等网络"新基建"逐步完善，并结合农村政务特点，将城市的政务信息化系统下沉到镇村一级，以实现农村基层组织的数智化转型工作。如图10-1所示，农村基层组织的数智化工作，主要是解决农村管人、管事、管地的问题。人的问题主要包含防贫监测、数智党建等；事的问题主要是阳光政务；而地的问题，主要是农村宅基地确权等监管问题。

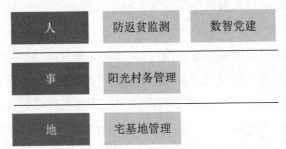

图10-1 数智化农村基层组织服务需要管理人、事、地问题

10.1.1 数智化农村党建

农村基层党组织是关系乡村振兴、有效打通"致富奔康最后一公里"的中坚力量。"农村富不富，关键看支部"，在打赢乡村振兴攻坚战中，加强基层党组织建设至关重要。党员干部要带领全体村民积极参与进来，领导干部要起到真正意义上的"领头羊""排头雁"作用。目前，农村党建工作存在以下3类问题。

对农村党员：由于农村的信息不通畅等问题，党员无法获知组织的最新动态，也不能按时获知缴纳党费等信息。由于农村地域广阔,要参加一次党组织活动非常不方便。

对农村党支部:农村党支部的基础工作千头万绪,兼之受限于农村党支部成员的受教育程度问题,很难形成系统化的管理方式。党支部对于党员的管理,比如积极分子转正、党会记录等均需要一套信息化系统进行管理。

对于基层党委:如何让基层党务工作及时地传递到村委党支部和党员中是亟待解决的一个问题;由于农村党员分布较为分散,组织学习也非常困难。

简而言之,目前农村基层党建需要通过数智化手段解决党务"上传下达"的问题。如图10-2所示,数智农村党建通过三屏合一功能,让党员用户实现通过手机、PC端、微信小程序方便地完成党建日常四大功能。

党建管理:通过党员、党支部、流程、会议等管理,实现党务电子化、党建管理扁平化、工作可视化,解决"沙滩流水不到头"问题,对支部"三会一课"等进行全流程监控。

党建学习:党建学习模块整合了大量党建学习、阅读资源,满足各级党组织党建培训和学习的需要。通过网上学习党课功能,实现学员学习管理和学时统计,并提供线上平台供学员交流。为解决党建培训不足问题,提供多种形式的网上学习培训。

党建宣传:通过三屏合一的方式,将领导讲话、政策法规等信息进行线上传播,内容涵盖时政要闻、基层动态、思想政治、组织建设、企业文化、人力资源、反腐倡廉、群团工作等;实时公布党建工作和活动等公告信息,解决信息不对称问题,使党委统一部署直达农村基层党支部,实现信息共享。

数据分析:通过自动化数据统计和分析,输出农村基层党建工作的日常图表,解决线下统计工作耗时耗力、存在误差的问题,提高党建工作效率。

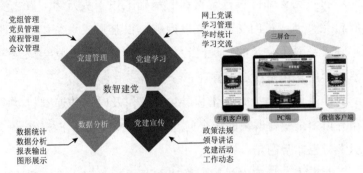

图 10-2　数智化党建实现四大功能

10.1.2　数智化防返贫监测

在"十三五"期间，为配合中央脱贫攻坚政策，各省相继建立了精准扶贫信息化平台，平台重点是精准性，是瞄准贫困户的靶向"治贫"过程。在取得脱贫攻坚全面胜利后，"十四五"迎来乡村振兴政策的开局之年，中央提出"巩固拓展脱贫攻坚成果同乡村振兴有效衔接"的部署要求，目的是健全防止返贫的监测与帮扶机制。与精准扶贫信息化工作的不同，数智化返贫监测工作目标要实现问题、对象、机制、主体、工作的五大转变。

问题转变：从解决绝对贫困问题向基于防止返贫和致贫治理相对贫困的问题转变。

对象转变：帮扶监测对象从贫困户、贫困村、贫困县向脱贫户、边缘户、低收入人口转变。

机制转变：工作模式从兵团攻坚作战机制向常态化、制度化机制转变。

主体转变：帮扶主体由依赖于驻村工作队为主的帮扶主体，向基层组织和经营企业为帮扶主体的新型帮扶体系转变。

工作转变：由依赖组织管理的数据采集逐步向与智能化和制度化结合的日常工作采集转变。

到2020年年底，现行标准下，农村贫困人口已全部实现脱贫，绝对贫困问题得到历史性解决。不容忽视的是，低收入人口家庭防范风险的基础仍比较薄弱，乡村振兴基础尚不牢固，打赢脱贫攻坚战后仍不能放松警惕，防止返贫和新生致贫是一项长期的工作，有必要建设面向全省农村低收入人口的防贫监测预警与服务平台，为农村低收入人口，包括脱贫不稳定户、边缘易致贫户，以及因病因灾意外事故等刚性支出较大或收入大幅缩减导致基本生活出现问题的严重困难户，提供动态监测预警与服务。

如图10-3所示，数智防贫监测平台核心业务主要为五大模块。

持续监测体系：提供从初选对象到监测，从监测到预警，从预警到退出的全流程跟踪数据；提供帮扶、施策、成效的相关流程动态数据查看，扶贫资产、项目资金等内容的查询功能。

新型帮扶体系：低收入人口的防贫监测预警，涉及20多个行业部门的数据共享交换，才能满足对低收入人口的防贫风险进行识别和施策。目前，各行业、部门、系统的统计口径有差异，数据比对难度大，需要形成信息一致的新型帮扶体系，以减轻基层人员工作量。

低收入人群监测：低收入人口的识别、被帮扶过程、退出监测是一个动态变化的过程。现有系统缺乏对低收入人口从识别、帮扶、退出的全流程管理机制的支撑，不能为政府、帮扶单位、行业部门、低收入人口、社会组织等在防贫监测预警和服务提供有效的信息化支撑。新的防返贫监测预警和服务信息化系统，需要重点关注脱贫不稳定户、边缘易致贫户等低收入人口,为其提供常态化管理工作,防止返贫和新生致贫的情况出现。

成效巩固管理: 脱贫攻坚任务已经胜利完成,有必要对扶贫资产成果进行信息化的有效管理,摸清家底,充分发挥扶贫资产在防贫监测工作中作用。

数据分析/治理可视化: 现有扶贫数据的采集主要还是靠手工,一方面无法减轻基层工作人员的工作量;另一方面不能确保手工的采集数据的质量。引入包括视频、语音、物联感知等新技术来完成数据采集,采用 OCR、人脸识别、大数据分析等 AI 算法进行数据治理,可实现防贫监测数据分析和治理的可视化。

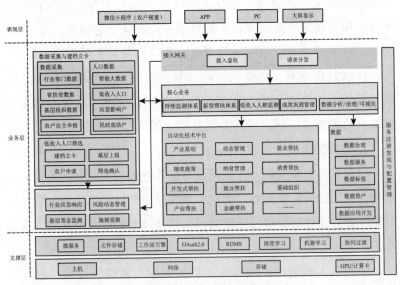

图 10-3 数智化防贫监测架构图

防贫监测平台可以巩固拓展脱贫攻坚成果,同乡村振兴有效衔接,建立农村低收入人口和欠发达地区帮扶机制,健全防止返贫动态监测和帮扶机制,加强扶贫项目资金资产管理和监督,健全农村社会保障和救助制度。未来在乡村振兴的政策下,通过平台积极探索"十四五"防贫治理体系的信息化建设模式,为国家在新的相对贫困治理时期的防贫治理体系和治理能力现代化提供有益借鉴与参考。

10.1.3 数智化阳光村务

目前,一些农村治理存在政务不公开、不透明现象。村务公开就是村委会把村民关心的、涉及村民利益的事务定期向村民公布,并接受村民的监督。村务公开是村民民主监督的基础,事关村民的切身利益。党的十五届三中全会通过的《中共中央关于农业和农村工作若干重大问题的决定》指出,要"全面推进村级民主监督。凡是村里的重大事项和群众普遍关心的问题,都应该向村民公开,村民委员会要广泛听取群众意见,大多数群众不赞成的事情,应予纠正。经村民民主评议不称职的村干部,应按照规定程序进行调整。"总的来说,村务公开可分为3个方面:一是财务,二是自治事务,三是村务。

财务公开:财务是村务公开中最为重要的方面,主要包括财务收入、财务支出、财产、债务债权、合同兑现等五个方面。

自治事务公开:自治事务指的是除财务以外的村民委员会办理涉及本村村民利益的各类村务,主要包括兴办公共福利事业情况、农民负担情况、经济建设情况等。

村务公开:村务指乡镇政府下达的,需要村民配合完成的各项国家任务及行政工作,如:国家建设征用土地、宅基地申请批准、救灾救济款物的发放等项目。

要解决村务公开问题,需要通过数智化手段,推进财务、自治事务、村务全程公开,切实保障广大村民对村级事务的参与权、知情权、监督权。进行全面数据采集与管理,方便基层干部对村务公开内容的录入、导入、打印、导出,并对采集的数据进行集中存储、上报、审核、复查、公示。

10.1.4 数智化农村宅基地管理

农村宅基地是保障农民安居乐业和农村社会稳定的重要基础。加强宅基地管理,对于保护农民权益、推进美丽乡村建设和实施乡村振兴战略具有十分重要的意义。由于多方面原因,当前农村宅基地管理比较薄弱,一些地方存在超标准占用宅基地、违法违规买卖宅基地、侵占耕地建设住宅等问题,损害农民合法权益的现象时有发生。目前,农村宅基地存在比较严重的信息孤岛现象。

违规占用宅基地信息缺失。农村村民没有严格按照批准面积和建房标准建设住宅,未批先建、超面积占用宅基地时有发生,而政府无法实时监管违规信息。

宅基地交易信息缺乏。农民在农村经常出现私自交易宅基地的现象,由于交易信息无法及时同步到政府,经常出现农民重复申请宅基地现象,无法保证公平交易。

"一户多宅"现象严重。由于宅基地信息孤岛现象严重,农民违规持有多处宅基地和房屋的现象时有发生,严重影响了社会公平。

针对目前农村宅基地问题,2019年9月,中央农村工作领导小组办公室印发了《农业农村部关于进一步加强农村宅基地管理的通知》。文件要求严格落实"一户一宅"规定,农村村民一户只能拥有一处宅基地,面积不得超过本省、自治区、直辖市规定的标准。农村村民应严格按照批准面积和建房标准建设住宅,禁止未批先建、超面积占用宅基地。经批准易地建造住宅的,应严格按照"建新拆旧"要求,将原宅基地交还村集体。农村村民出卖、出租、赠予住宅后,再申请宅基地的,不予批准。对历史形成的宅基地面积超标和"一户多宅"等问题,要按照有关政策规定分类进行认定和处置。同时,鼓励节约、集约利用宅基地,鼓励盘活利用闲置宅基地和闲置住宅。

如图10-4所示,通过数智化农村宅基地管理手段,设计系统功能,建成标准统一、自主可控、业务协同的农村宅基地管理信息系统,实现宅基地数据数字化存储和宅基地申请、审批、流转、退出、监管等业务信息化管理,满足宅基地改革与管理、农民用地建房"不见面审批"等需求,提供农村宅基地改革与管理业务支撑、信息实时互通共享、信息共享交换和信息依法查询服务。通过宅基地管理平台,彻底实现农村"一户一宅"政策要求,杜绝违规用地,节约宅基地利用,盘活闲置宅基地。

图10-4 数智化宅基地管理实现宅基地的建设、产权和违规管理

10.1.5 新华广播的数字播报员助力2021年"中国农民丰收节"广东省主会场活动

2021年9月22日,"中国农民丰收节"在广东省汕头市潮汕历史文化博览中心主会场拉开帷幕。广大农民朋友通过"线上+线下"共济一堂、其乐融融,晒出达濠鱼丸、梅州蜜柚等特色农产品,沉浸在幸福时刻。

走进主会场,"党建引领乡村振兴"展区引人瞩目,新华广播的数字播报员脸带笑容与来宾交流互动,讲述乡村基层党员同人民群众想在一起、干在一起,开创美好未来的故事。"中国农民丰收节"不仅是农业的嘉年华、农民的欢乐节,也是中华农耕文明的符号、全面推进乡村振兴的窗口,体现着祈愿五谷丰登、国泰民安的国家意志。2021年丰收节的主题为"庆丰收,感党恩",汇聚全党全社会推进乡村振兴的磅礴力量。

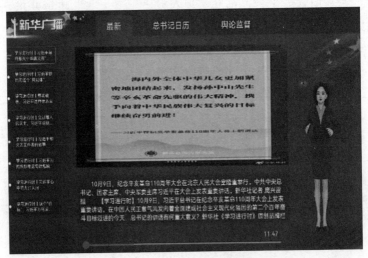

图10-5 新华广播的数字播报员播报党建信息

丰收节上展示的新华广播的数字播报员把庞杂的基层党建工作，简化为管根本、可考量的指标体系，顺应党建工作规律，是提升党建质量的有效方式。新华广播的数字播报员将党支部的各项工作标准与制度规范集成为流程模块，协助支部准备会前资料，引导议程规范进行，还可以自动撰写会议纪要，最终帮助支部依照规范、清晰的流程开展工作，推动落实 AI 协助工作的新模式。丰收节现场，新华广播的数字播报员为现场观众带来新颖有趣的人机互动体验，并展示了党建导航、云端会议、诵读党史、实时知识竞赛等丰富功能。

党建建在身边，党建见于日常。新华广播的数字播报员为基层党建注入"科技味"和"云动力"，拓展党务工作、党史学习教育、党日活动新场景，让农村基层党建工作更智能、规范、高效，推动基层党建工作提质增效。

10.2　数智化农村居民服务

近些年，随着国家大力推动农村农业改革发展以及农村生态环境的整治，农村的生活环境变得越来越好，农村居民的基本生活水平也得到了显著提高。现阶段已经有越来越多人愿意回到农村，并参与农村的建设发展之中。同时，由于交通道路、养老、医疗等基础设施的不断完善，农村也越来越适合老人养老，现在已经有很多老人都已经回到农村养老。

然而，在农村基建设施逐步在完善的同时，农村的医疗、养老，甚至法律咨询等基本的居民服务目前还与城市有较大差距，而这一类的"软基建"也需要随着"新基建"的逐步完善，在较长的一段时间内才可能全面接近城市的服务水平。

因此，为了弥补目前农村生活服务与城市之间的"物理鸿沟"，应采用数智化手段，借助分级、居家养老、远程法律服务等方式，解决农村基本居民服务问题。

10.2.1 数智化分级诊疗

当前，医药卫生事业面临人口老龄化、城镇化和慢性病高发诸多挑战，以各大城市医院和疾病为中心的医疗卫生服务模式难以满足群众对长期、连续健康照顾的需求。同时，居民看病就医集中到大医院，也不利于改善就医环境、均衡医疗资源、合理控制医疗费用等。对于我国广大农村地区来说，建立分级诊疗制度，是合理配置医疗资源、实现基本医疗卫生服务均等化的重要举措，是深化医药卫生体制改革、建立中国特色基本医疗卫生制度的重要内容。按照国务院 2015 年 9 月发布的《国务院办公厅关于推进分级诊疗制度建设的指导意见》要求，目标建立分级诊疗政策体系逐步完善，基层医疗卫生机构诊疗量占总诊疗量比例明显提升；逐步实现包括农村地区的分级诊疗服务能力全面提升，基层首诊、双向转诊、急慢分治、上下联动的分级诊疗模式逐步形成，基本建立符合国情的分级诊疗制度。

借助数智化可以加强分级诊疗建设。以加强服务农村的家庭医生签约与提高家庭医生服务能力和效率为切入口，借助信息化与互联网手段，对服务农村的家庭医生签约及服务情况进行统一管理，加强农村基层医疗卫生机构的绩效管理。通过农村居民健康档案发放和空中药房，以及双向转诊与远程会诊，提升农村基层医疗卫生机构的服务能力，提升农村居民就医体验

第10章 数智化基层提效：组织振兴 | 213

和幸福指数。

如图10-6所示，服务于农村的分级诊疗主要建设内容可归纳为"一个中心、两类服务、四项支撑"。

一个中心：通过分级诊疗云平台中心建设，稳步推进家庭医生签约服务和分级诊疗的落地，促进优质医疗资源上下贯通，带动提升基层服务能力，推动落实家庭医生签约服务，解决人民群众看病就医问题，增强人民群众获得感。

两类服务：指的是为居民提供服务、为家庭医生提供服务。居民服务包括家庭医生居民移动端、居民家庭医生服务门户。家庭医生服务包括家庭医生医生端和家庭医生门户，需部署家庭医生APP（居民端）、家庭医生APP（医生端），包含家庭医生服务管理系统（PC端）。

四项支撑：借助5G及光纤等无线及有限网络，配合四项基础分级诊疗技术，包含云医联、远程医疗教学、远程心电、医疗影像云，通过云服务，实现分级诊疗平台的基础设施支撑、信息安全支撑、卫生标准规范支撑、卫生培训教学支撑。

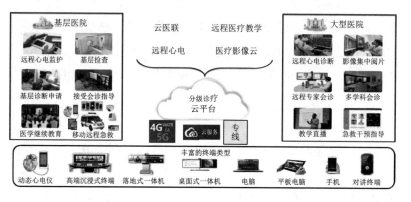

图10-6 数智化分级诊疗"一个中心、两类服务、四项支撑"

10.2.2 数智化居家养老

截至 2019 年末,全国 60 岁以上的老年人超 2.5 亿,其中乡村老年人 1.3 亿,农村老龄化水平达 22.5%。乡村老人收入较低,乡村养老医疗配套落后于城市,乡村养老的物质、精神和生活状况令人不安。更严峻的是,随着劳动力向城市单向流动,中国农村出现一大批无人照顾的"空巢老人",这成为妨碍乡村振兴的一个社会问题。如何破题,值得我们多方关切、研究和积极解决。

居家养老已是世界公认的理想养老模式,未来农村养老应该以居家养老为主。居家养老服务是以家庭为核心,以农村社区为依托,老龄人群为服务对象,企事业服务机构为网点,信息化平台为支撑,以专业化服务为主要服务形式,积极发挥政府主导作用,广泛动员社会力量,充分利用社区资源为居住在家的老年人提供生活照料、医疗护理和文化娱乐、精神慰藉等方面服务的一种社会化养老服务形式。

如图 10-7 所示,数智化居家养老系统是构建居家养老服务体系的重要支撑,通过汲取各种先进的信息技术(物联网、互联网、智能呼叫、云技术、移动互联网技术、GPS 定位技术等),创建"系统+服务+老人+终端"的数智养老服务模式。通过搭建系统平台,在农村的老人运用一系列智能设备(如老人机、腕表、无线传输的健康检测设备)实现与城市子女、服务中心、医护人员的信息交互。农村老人不必住在养老院中被动接受服务,在家就可以挑选、享受专业化的养老服务,涉及生活帮助、康复护理、紧急救助、日间照料、人文关怀、精神慰藉、娱乐活动、法律援助等"医养"结合的服务项目。

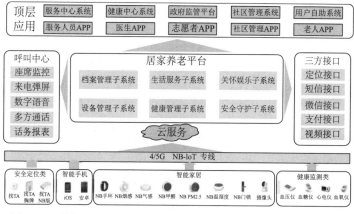

图 10-7 数智化居家养老创建"系统+服务+老人+终端"模式

10.2.3 数智化远程法律服务

在全面依法治国和乡村振兴的背景下，依法推进农村法律援助是农村依法治理的现实需要和重要保障。农村经济基础薄弱，农村群众法律意识淡薄，矛盾隐患易发、多发，农村法律援助亟须加强。但是，从实际情况看，农村法律援助还存在需求低迷、供给不足、质量不高、基础偏差诸多问题，这些问题严重制约着农村法律援助健康发展，需要采取有力的措施予以破解，推动农村法律援助工作迈上新台阶。

人工智能技术在法律行业中的应用普及广泛，利用 AI 法律机器人帮助传统的法律服务机构完成了人工短期内无法完成的工作量，它也逐渐被行业认同。AI 法律机器人能让法律行业提高一定的工作效率，但现阶段的机器人能解决的还是一些相对标准化的法律文书撰写、检索，标准法律问题的咨询。可以说，它对于用户而言，也只是提供了引导入门、了解法律知识的基本服务。

除了法律标准化 AI 咨询以外，AI 法律机器人还能联合大城市的律师事务所提供远程法律咨询服务，农村居民可以通过"法律咨询日"活动，定期把自己需要的法律咨询问题，通过 AI 法律机器人远程咨询大城市律所的专业律师，实现律师业务下乡工作。

10.2.4　兴宁市数智法律等居民服务赋能乡村振兴

2019 年 4 月，广东省兴宁市径南镇陂蓬村在全国率先引进了智慧村居法律服务公共平台。该平台依托前方驻村"律师机器人"和后方广东定海针律师事务所的律师团队，为村民提供法律咨询、远程调解等法律服务，对于村民法律意识较薄弱、法律资源较欠缺的陂蓬村很实用。该平台不仅得到了村民的肯定，还吸引越来越多村民的自愿加入，团队从最初的 5 人增至 20 人。他们带头学法守法用法，积极普法、说法、传法，让村里文明讲法蔚然成风。村里计划在村委会门口建设一个便民平台，再引进一台机器人，让村民扫码就能入室享受法律服务。同时，还计划建设一间培训室，由律师进行专业指导，定期对团队成员和村民进行法律知识培训。

乡村振兴，法治先行。化解农村基层矛盾，激发乡村发展动力，离不开法治思维和法治方式。引进平台后，村民素质提高了，思想也通了，大家团结一心，搞好经济发展。陂蓬村通过数智党建、数智农村政务、数智医疗健康，让该村在村容村貌、经济发展等方面实现"蝶变"。据统计，村民年收入从 2011 年的 4000 多元提高到 2021 年的 2 万多元，村集体收入从 2011 年的 1500 元提高到 2021 年的 40 多万元。

农民懂法就等于明确了国家倡导的方向路径，也知道国家禁止限制的底线红线。陂蓬村通过法律的普及，促进了乡村产业、人才、文化、生态、组织"五大振兴"。陂蓬模式已在广东多个地方落地，在湖南、江西也开始有推广，有希望成为全国典范案例后，有望造福全国百姓。

10.3 数智化农村集体经济组织改革

在改革开放之初，"包产到户"的集体所有制形式一定程度上解放了生产力，适应了当时社会的经济基础结构。但是，随着我国经济制度的深化改革，商品经济逐步发展到成熟阶段，我国已经形成股份制为主要形式的混合所有制经济，形成了中国特色的社会主义市场经济组织形式。

中国农村集体资产总量不断增加，已成为农村发展和农民共同富裕的重要物质基础。在工业化、城镇化加快推进中，农村经济结构、社会结构正在发生深刻变化，农村集体资产产权归属不清晰、权责不明确、保护不严格等问题，侵蚀了农村集体所有制的基础，影响了农村社会的稳定，改革农村集体产权制度势在必行。

2016年12月，中共中央国务院印发的《关于稳步推进农村集体产权制度改革的意见》明确指出，农村集体经济是集体成员利用集体所有的资源要素，通过合作与联合，实现共同发展的经济形态。农村集体产权制度改革的目标原则：要通过改革赋予农民更多财产权利，明晰产权、完善权能，积极探索集体所有制的有效实现形式，不断壮大集体经济实力，不断增加农民的财产性收入；在坚持家庭承包责任制的基础上，在保护农民合法权益、尊重农民意愿的前提下，发展多种形式的股份合作，探索建立有中国特色社会主义的农村集体产权制度。

10.3.1 数智化农村产权制度改革服务

农村集体经济改革主要指的是农村集体产权制度改革，目标是要通过改革，逐步构建归属清晰、权能完整、流转顺畅、保护严格的中国特色社会主义农村集体产权制度，保护和发展农民作为农村集体经济组织成员的合法权益。科学确认农村集体经济组织成员身份，明晰集体所有产权关系，发展新型集体经济；管好、用好集体资产，建立符合市场经济要求的集体经济运行新机制，促进集体资产保值增值；落实农民的土地承包权、宅基地使用权、集体收益分配权和对集体经济活动的民主管理权利，形成有效维护农村集体经济组织成员权利的治理体系。

资源性资产：农民集体所有的土地、森林、山岭、草原、荒地、滩涂等资源性资产。就资源性资产而言，落实法律法规政策，健全完善登记制度，巩固已有确权成果。对于未承包到户的集体资源性资产，要摸清底数，明确权属，按照已有部署继续开展相关确权登记颁证工作。

经营性资产：用于经营的房屋、建筑物、机器设备、工具器具、农业基础设施、集体投资兴办的企业及其所持有的其他经济组织的资产份额、无形资产等经营性资产。就经营性资产而言，通过股份或份额的形式量化到本集体经济组织成员、确权到户，并积极发展多种形式的股份合作，明确集体经济组织的市场地位，加强集体资产运行管理监督，落实集体收益分配机制。

非经营性资产：用于公共服务的教育、科技、文化、卫生、体育等方面的非经营性资产，包括村里的卫生所、学校，体育设施以及图书馆，等等。就非经营性资产而言，在清产核资基础上，建立健全台账管理制度，探索实行集体统一运行的管护机制，确保其更好地为集体经济组织成员提供公益性服务。

如图10-8所示，通过数智化农村产权制度改革服务平台，围绕清产核资、成员界定、股权量化、股权分红、经营管理等业务流程，实现农村集体产权制度改革工作的全程信息化管理。同时，通过对数据挖掘分析、汇总统计，帮助管理部门和农村集体经济组织及时掌握农村股权管理情况。

图10-8　数智化农村产权制度改革服务平台示意图

10.3.2　数智化农村集体经济模式创新

除了农村产权制度要改革，随着科技水平的发展，数智化也将会推动农村生产模式创新。认养农业就是一种农村集体经济的模式创新，生产者和消费者（认养人）之间达成的一种风险共担、收益共享的生产方式。消费者预付生产费用，生产者为消费者提供绿色、有机食品。实现农村对城市、土地对餐桌的直接对接。近年来，认养农业形成了两种模式。

一是传统的认养模式。农产品的需要者到农业产业园区或农业基地中，挑选某块田地或某一产品，可以亲自参加劳动，也可以委托供养者按自己的要求进行生产管理。

二是数智化的认养农业模式平台。消费者可以通过手机的 APP 或者小程序，实时监控自己认养的果树、耕地、农产品。在条件允许的情况下也可以去亲自参加劳动，体验劳动快乐。

如图 10-9 所示，数智化的认养模式，其核心是通过 5G、物联网、VR 等技术实现实体农业与经营权的一一对应，可以把农业从第一产业中扩展到第二、第三产业中，与旅游、养老、文化等产业进行深入互动，把城市居民作为目标市场，将特色的农产品、旅游景点、风情民俗进行整合式包装，为认养客户提供优质的选择，使客户成为游客，使游客成为客户。

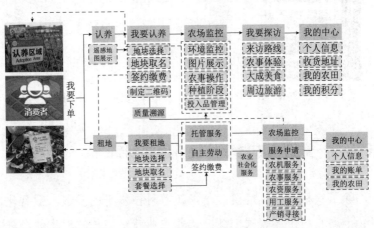

图 10-9　数智化认养农业模式平台示意图

10.3.3 茂名市信宜市大城镇通过数智化方式试点农村综合性改革

广东省茂名市信宜市是广东重点侨乡、粤西最大的侨乡，有"中国慈孝文化之乡""南玉之都""竹编之乡""水电之乡""长寿之乡""山地鸡王国"之美称。境内以山地地貌为主，地势东北高，西南低，称为"八山一水一分田"之地。气候属亚热带季风气候。是鉴江、黄华江、罗定江（又名南江）之发源地。从2018年开始，信宜市陆续完成了全市农村集体产权制度改革试点工作，目标任务是：明晰集体资产产权归属，赋予集体资产运营动能，盘活集体资产，增加财产收益，保护集体组织成员合法权益，增加组织成员财产性收入，建立"归属清晰、权责明确、保护严格、流转顺畅"的现代农村集体产权制度。

信宜市大成镇位于粤西第一高峰——大田顶山脚下，镇内省级自然保护区——大雾岭自然保护区景色秀丽，气候宜人，其中"顶峰锦绣"是"信宜八景"之一，每年有不少游客前往避暑、旅游。经过几年的改革推进，信宜市大成镇已初步完成清产核资，摸清集体资产底子；确认身份，落实集体经济组织成员资格；折股量化，推进经营性资产股份制改革；立足增收，多种形式发展集体经济。2021年，大成镇上湾、北梭等15个行政村被国家和广东省定为2021年农村综合性改革试点试验区域，核心任务是探索健全乡村产业发展机制、数字乡村发展机制、促进农民增收机制、改善乡村治理机制。

图 10-10　信宜大城镇大雾岭高山黄酮养生茶创新基地

目前，大成镇正创新利用 5G 技术，建成水肥一体化自动喷灌及智能化远程控制系统、虫情监测系统、土壤和气候监测系统，升级农业装备，通过现代农业智慧管理系统，科学种植与管理，最终实现节能降耗、绿色环保、增产增收的目标。上湾、塘坳黄酮养生茶种植基地 5000 亩，年产量达 7 万斤，总产值约 3000 万元，基地已经实现了茶叶生产自动化。北梭甜柿种植基地建设 300 米及以上机械化运输单轨，有效提高了甜柿基地的运输能力，极大减少了果农的工作量，运用 5G 高速网络、实时 VR、3D 全景技术与虚拟现实技术构建北梭甜柿果场的现场直播环境及全景静态图，用实时画面、全景展示将北梭甜柿品牌深入人心。发展北梭甜柿种植基地 4000 亩，年产量约 700 万斤，产值约 3000 万元。建立农产品溯源系统平台及 VR 全景，实现油茶产业智慧化监管，发展城垌油茶种植基地 2000 亩，年产油 3 万斤，产值约 400 万元。建设以"智慧农业＋全流程追溯＋农田认养"交易系统为主的开心农场智慧农业信息服务平台，积极培育新型的认养消费模式，开创农产品认养这种新型农田/农产品种植租赁模式，在生产者和消费者之间建立一种风险共担、收益共享的模式，实现了农村对城市、土地对餐厅的直接数据化对接。

参考文献

[1] 温铁军等. 八次危机 [M]. 上海：东方出版社，2013: 6.

[2] 温铁军，董筱丹. 去依附 [M]. 上海：东方出版社，2019: 12.

[3] 温铁军. 乡建笔记：新青年与乡村的生命对话 温铁军团队乡村建设实践篇 [M]. 上海：东方出版社，2020: 8.

[4] 温铁军等. 从农业 1.0 到农业 4.0[M]. 上海：东方出版社，2021: 34-35.

[5] 温铁军，张孝德. 乡村振兴十人谈：乡村振兴战略深度解读 [M]. 南昌：江西教育出版社，2016: 22.

[6] 郭顺义，杨子真等. 数字乡村：数字经济时代的农业农村发展新范式 [M]. 北京：人民邮电出版社，2021: 12.

[7] 李道亮. 农业 4.0——即将来临的智能农业时代 [M]. 北京：机械工业出版社，2020: 15.

[8] 费孝通. 乡土中国 [M]. 北京：中信出版社集团，2019: 15.

[9] 阿比吉特·班纳吉，埃斯特·迪佛洛. 贫穷的本质：我们为什么摆脱不了贫穷 [M]. 北京：中信出版集团，2018: 122-123.

[10] 吕廷杰. 5G 新机遇：技术创新、商业应用与产业变革 [M]. 北京：人民邮电出版社，2021: 111-112.

[11] 李正茂，王晓云，张同须等. 5G+5G 如何改变社会 [M]. 北京：中信出版集团，2019: 5.

[12] 项立刚. 5G 时代：什么是 5G，它将如何改变世界？[M]. 北京：中国人民大学出版社，2019: 66.

[13] 陈志刚. 5G 革命 [M]. 长沙：湖南文艺出版社，2020: 6.

[14] 陈晓曦. 数智物流：5G 供应链重构的关键技术及案例 [M]. 北京：中国经济出版社，2020: 22.

[15] 吴晓波，王坤，钱跃东. 云上的中国：激荡的数智化未来 [M]. 北京：中信出版社，2021: 121.

[16] 肖利华，田野等. 数智驱动新增长 [M]. 北京：电子工业出版社，2021: 24.

[17] 贺雪峰. 大国之基：中国乡村振兴诸问题 [M]. 上海：东方出版社，2019: 25-26.

[18] 赵国栋，易欢欢，徐远重. 元宇宙 [M]. 北京：中译出版社，2021: 56-57.

[19] 汪军. 碳中和时代——未来40年财富大转移 [M]. 北京：电子工业出版社，2021: 113-114.

[20] 陈雪频. 一本书读懂数字化转型 [M]. 北京：机械工业出版社，2020: 17.

[21] 涂子沛. 数文明：大数据如何重塑人类文明、商业形态和个人世界 [M]. 北京：中信出版社，2018: 5.

[22] 唐塔普斯科特，亚力克斯·塔普斯科特. 区块链革命：比特币底层技术如何改变货币、商业和世界 [M]. 北京：中信出版社，2016: 125-126.

[23] 野口悠纪雄. 区块链革命：分布式自律型社会出现 [M]. 上海：东方出版社：2018: 67-68.

[24] 曼纽尔·卡斯特. 信息时代三部曲：经济社会与文化卷网络社会的崛起 信息时代三部曲：经济社会与文化卷网络社会的崛起 [M]. 北京：社会科学文献出版社，2006: 22.

[25] 尼古拉·尼葛洛庞帝. 数字化生存 [M]. 北京：电子工业出版社，2021: 221-222.

[26] 查尔斯·汉迪. 第二曲线：跨越"S型曲线"的第二次增长 [M]. 北京：机械工业出版社 2017: 5-8.

[27] 王继祥. 信息化、数字化、智能化、数智化等概念内涵深度辨析 [EB/OL]. (2021-06-13). https://www.sohu.com/a/458252337_808311.

[28] 新华社报道. 广东阳西传统农业大县的"数字转型" [EB/OL]. (2021-07-08). http://www.yangxi.gov.cn/xw/yxxw/content/post_545232.html.

[29] 南方农村报. 从看天吃饭迈向数字务农，走访阳西四大数字农业产业园 | "数字农业"深调研 [EB/OL]. (2021-04-13). http://static.nfapp.southcn.

com/content/202104/23/c5156578.html?group_id=1.

[30] 林曦. 实事为民 广东移动5G信息化擦亮潮州数字农业新名片[EB/OL]. (2021-10-17). https://baijiahao.baidu.com/s?id=1713869476366427262&wfr=spider&for=pc.

[31] 新快报. 5G还能养鱼？！广东移动帮助小榄镇脆肉鲩亩产提高至6000斤[EB/OL]. (2021-08-24). https://www.xkb.com.cn/article_663218.

[32] 南方都市报. 脆肉鲩之乡开启5G"科幻养鱼模式"[EB/OL]. (2021-09-31). http://epaper.oeeee.com/epaper/A/html/2021-09/30/content_20399.htm.

[33] 沈淼, 张峻恺. 猪肉价格一路狂奔？专家揭秘产业链背后的投资逻辑[EB/OL]. (2020-09-1). https://new.qq.com/omn/20190912/20190912A0G27E00.html.

[34] 搜狐. 田头小站接力冷链鲜行一步[EB/OL]. (2021-05-18). https://www.sohu.com/a/467057364_121106875.

[35] 李沁. 高州打造广东田头小站高州样板, 制定田头小站三年行动计划[EB/OL]. (2021-07-06). https://xw.qq.com/cmsid/20210708A0BLHP00.

[36] 澎湃.【520•我爱荔】茂名给"荔"！田头小站"五化"果园大放异彩[EB/OL]. (2021-05-21). https://m.thepaper.cn/baijiahao_12784895.

[37] 澎湃. 接"荔"！高州龙眼登央视《第一时间》, 田头小站助龙眼保鲜增值[EB/OL]. (2021-05-21). https://m.thepaper.cn/baijiahao_14009683.

[38] 掌上大埔. "致富树"结出"黄金果"！5G+农业为大埔蜜柚插上"科技的翅膀"[EB/OL]. (2021-04-16). https://mp.weixin.qq.com/s/-8XhtE9J-5-kvNau21DqvQ.

[39] 马吉池. 点赞！梅州大埔5G+农业大数据平台亮相2020世界数字农业大会[EB/OL]. (2020-12-14). https://c.m.163.com/news/a/FTQSMOCB055004XG.html?from=wap_redirect&spss=adap_pc&referFrom=&isFromH5Share=article.

[40] 贺林平. 魏明代表: 发力智慧农业、平安乡村, 做好乡村振兴大文章[EB/OL]. (2021-04-15). https://wap.peopleapp.com/article/6147506/6053437.

[41] 莫景文. "5G虾"游出抗疫复产"加速度", "中国虾王"展示智慧风采[EB/

OL]. (2020-07-31). https://static.nfapp.southcn.com/content/202007/31/c3839443.html?colID=2038&date=bnVsbA==&code=200&evidence=2f591e0b-3f3d-46f3-8d78-449cb80019e5&firstColID=2038&appversion=6800&from=weChatMessage&layer=6.

[42] 搜狐. 国联水产智能化新工厂启动投产仪式"中国虾王"再上新台阶 [EB/OL]. (2019-09-26). https://www.sohu.com/a/343460711_100217077.

[43] 南方网. 广东省农业农村厅推进今年"12221"农产品市场体系建设 [EB/OL]. (2020-01-05). https://baijiahao.baidu.com/s?id=1654893111397925826&wfr=spider&for=pc.

[44] 搜狐. 徐闻"菠萝妹妹"带货火了 [EB/OL]. (2021-01-07). https://www.sohu.com/a/443044293_120214184.

[45] 城市关注. 徐闻菠萝12221行动：菠萝姐妹——乡村人才振兴的醒目IP[EB/OL]. (2021-01-07). https://gd.sina.cn/city/csgz/2021-03-19/city-ikkntiam5369946.d.html.

[46] 36氪浙江. 从产地到餐桌，大气候农业如何助力国产农产品品牌打破"三亿天花板魔咒"？｜未来乡村 [EB/OL]. (2021-08-26). https://mp.weixin.qq.com/s/d4K0T82XvIMp9VCfTHPs4Q.

[47] 人民网贵州频道. 贵州农担：推进数字化转型走深走实 [EB/OL]. (2021-07-14). https://baijiahao.baidu.com/s?id=1705223686331738674&wfr=spider&for=pc.

[48] 朱希杰. 金融科技助力乡村振兴 河南农担数字化转型工作走在全国前列 [EB/OL]. (2021-05-17). http://www.csjrw.cn/2021/0517/174857.shtml.

[49] 杨东平. 实事求是、因地制宜地解决农村教育的突出问题 [EB/OL]. (2018-11-01). http://www.moe.gov.cn/jyb_xwfb/xw_zt/moe_357/jyzt_2016nztzl/ztzl_xyncs/ztzl_xy_zjgd/201612/t20161213_291828.html.

[50] 澎湃. 移动扶贫"网络+"弥合城乡教育鸿沟 中国移动为教育扶贫注入信息活水 [EB/OL]. (2020-08-14). https://m.thepaper.cn/baijiahao_8728720.

[51] 环球网. 精准扶贫 网络先行中国移动让信息之"花"开遍山野 [EB/OL]. (2020-09-28). https://baijiahao.baidu.com/s?id=16790728734072402

90&wfr=spider&for=pc.

[52] 黄帼蓉. 广东百万销量训练营启动！电商"小白"快速入门机会来啦 [EB/OL]. (2021-05-13). https://static.nfapp.southcn.com/content/202105/13/c5251147.html?colID=2038&appversion=7600&firstColID=2038&date=ZjlkY2VjNDQtMzBkZS00MWY1LTlmNmQtYTY1MDU0NTY3MDIw&layer=2&from=weChatMessage.

[53] 暴走通信. 数字小镇新标杆：中国移动建成勐巴拉 5G+ 数字雨林小镇 [EB/OL]. (2020-10-26). https://baijiahao.baidu.com/s?id=1681517288353653261&wfr=spider&for=pc.

[54] 梁晓珺. 广东乡村体育特色项目展示活动首期在新兴县天堂镇朱所村举行 [EB/OL]. (2020-01-26). https://new.qq.com/omn/20210127/20210127A0BXGX00.html.

[55] 吴天旭. 央视点赞新泰智慧光伏农业 山东移动助力激活乡村振兴新动能 [EB/OL]. (2021-08-13). https://baijiahao.baidu.com/s?id=1707961818702204479&wfr=spider&for=pc.

[56] 计育青. 红色云能 乡村振兴：移动云助力光伏智慧农业 [EB/OL]. (2021-07-22). http://www.cctime.com/html/2021-7-22/1582418.htm.

[57] 黄进. 广东将全面推行林长制 [EB/OL]. (2020-12-08). https://baijiahao.baidu.com/s?id=1685478432221054938&wfr=spider&for=pc.

[58] 江英，吴璇. 到 2025 年建成省市县镇村五级林长制组织体系 [EB/OL]. (2021-10-11). https://new.qq.com/rain/a/20211018A019ND00.

[59] 澎湃. 数字赋能渔业，为乡村振兴插上"智慧的翅膀" [EB/OL]. (2021-11-29). https://m.thepaper.cn/baijiahao_15615802.

[60] 人民政协网. 从桑基鱼塘到智慧渔业看耕育农业的发展历程 [EB/OL]. (2020-04-28). http://www.rmzxb.com.cn/c/2020-04-28/2562804.shtml.

[61] 湖州日报. 新时代的湖州"养鱼经" [EB/OL]. (2021-03-25). http://kjj.huzhou.gov.cn/hzgov/front/s49/zwgk/kjxx/kjdt/20210325/i2927635.html.

[62] 澎湃号·政务. 欧美碳市场发展经验探索与借鉴 [EB/OL]. (2021-10-20). https://www.thepaper.cn/newsDetail_forward_14999058.

[63] 新华网. 在希望的田野上奔向共同富裕——2021年"中国农民丰收节"广东省主会场活动侧记[EB/OL]. (2021-09-23). http://www.sznews.com/news/content/2021-09/23/content_24594072.htm.

[64] 刘丽娅. 以党建引领助力中国农民丰收节成色更足[EB/OL]. (2021-09-21). https://baijiahao.baidu.com/s?id=1711927554564574994&wfr=spider&for=pc.

[65] 新华网. 以"数"为媒 新华网AI党建助手为基层党建提"智"增效[EB/OL]. (2021-05-17). http://my-h5news.app.xinhuanet.com/xhh-pc/article/?id=c1cd27503b5abe7528522dfd2c2aa4bc.

[66] 澎湃政务. 乡村振兴|律师机器人来助阵！梅州兴宁市"智慧"赋能乡村振兴[EB/OL]. (2021-09-23). https://m.thepaper.cn/baijiahao_14636759.

[67] 农交网信宜市农业局. 广东茂名信宜市全面开展农村集体产权制度改革试点工作部署，信宜市农业局[EB/OL]. (2018-03-15). https://www.nongjiao.com/news/read-563.html.

[68] 信宜市融媒体中心. 广安市政府调研组到大成镇交流农村综合性改革试点试验工作[EB/OL]. (2021-10-21). http://www.xinyi.gov.cn/mmxy dczzf/gkmlpt/content/0/952/post_952767.html#16510.

致 谢

这是我的第二本书,"写作是一件掏空人的事情"——这句话也是我第二次借致谢部分来表达的观点了。写书确实是一件非常掏空人的事情,需要整理大量的资料,做长期的案头工作,把自己多年积累的经验拿出来,特别需要沉下心来保持一种稳定的写作状态。我有繁忙的日常工作,写作这本书的过程几乎占用了我所有的业余时间。从白天紧张的工作状态一下子切换到晚上安静的写作状态,这看上去是逆人性的,但是在写作的过程中,我经常会出现一种"心流"的状态,可以迅速地屏蔽一切干扰,专注写作反而让我进入一种幸福的状态,这种状态一直支撑我写完整本书。这种幸福的上瘾状态,让写作成为我生命中很重要的一部分。

写作虽累,但我在写作这本书的时候,有了跟写作第一本时非常不同的感受。首先,与第一本以兴趣为导向的写作不同,本书是我在一线工作的大量总结,这两年随着乡村振兴数字化转型的发展,确实出现了大量的新项目、新模式、新形态,需要我沉下心来整理;其次,在本书成书的过程中,一波三折,经历了好几次不能顺利出版的风险,但每一次陷入困境的时候,总有人愿意站出来帮我解决,这也让我感觉到这本书所描述的数字经济及乡村振兴方向,一定代表了未来的发展方向,也让我更有信心推出这本书。

我是通信专业的博士,出生在城市里,本来和农业、农村很难有太大的业务上的联系,但是随着国家乡村振兴战略及数字化转型的发展，通信技术成为乡村振兴数字化转型很重要的一环。

我从通信到农业的转型，首先要感谢陈东先生和魏明先生。2019年他们的一次高层拜访，让我所在的团队以通信技术进入了一个广阔的数字农业市场，阳西数字农业产业园、大埔蜜柚大数据、茂名荔枝大数据……一个个农业数字化转型项目从那次拜访后逐步落地，并形成广东省的标杆，我也从这些项目中获益良多。2019年后，由于长年在一线工作，我多次通过电视等各种媒体介绍广东数字农业经验，也新添了广东省农村科技特派员、广东省农业咨询专家等多个身份。农村是广阔的数字化转型市场，对于我们这些通信行业人员来说大有可为。

其次要感谢与我一起并肩作战的一线乡村振兴工作者，是他们勤勤恳恳、废寝忘食的工作，才让我们乡村振兴数字化转型工作能在短短几年时间就突飞猛进。比如我的同事李森榕，他们团队到大埔县工作的时候，恰恰碰上了县里的数字化转型浪潮，县里的数字化人才本来就少，他们团队承担了县里的大量数字化项目，也积累了大量珍贵的项目需求与经验；还有我的同事张文斌，随着国家从扶贫到乡村振兴的战略转移，他一直在协助政府设计开发扶贫、乡村振兴的平台及模型，对广东省从扶贫到乡村振兴的顺利过渡功不可没，也感谢他用丰富的知识来指导我写作本书；感谢同事易影，每次在我们工作遇到困难的时候，她都能挺身而出，组织大家去解决问题，总感觉有她在就没有完不成的工作。

另外，黄光辉、何楠、陈永幸、方贵伟、陈颂敏、张楚钊、陈文捷、黄楚奎、赵朝炎、罗曼琳、邓佳雯等同事协同建设的五华数字乡村、阳西数字县、梅县现代农业产业园、潮州单丛云店等项目，也为我国乡村振兴数字化转型做了示范性的探索和经验沉淀，值得我们学习和推广。由于我们在乡村振兴一路同行的工作者实在太多，下面我只能通过一个名单的方式对大家进行感谢：

陈艺妮、杨华、丘璇、程浩然、罗丽芳、冯艺美、郑志安、康龙飞、吴仕帆、赵田栗、杨惠斐、陈炫龄、许杰智、王率帅、成桂敏、陈双全、敖智、盛宇晨、杜彦庆、邱文博、张宝友、姚聪、秦娇、张红耀、李舒颖、彭丽诗等；

葛磊、尚明洲、李文凯、李博、来纲、谭丽丽、吴海成、陈雅娟、康斌、郑钢、苏卓生、陈晓峰、曾鹏、郑任、赵凯、郑辉明、刘少聪、邱岭、应鸿伟、肖宁、蔡宇帆、吴勇波、邓勇、陈旭丹、刘翔、林哲、段升华、李瑞智等；

林治国、李永强、刘在国、黄伟华、欧阳技、安宁、黄潇峰、曾鲲、邱李莉、李承琳、孙宇翔、尚伟、卓衍均、吴燕玲、曾海涛、邱贵、李粤强、周文坤、黄志豪、严晓活、吴举保、张菊媚、雷秋嫚、刘仁志、陶国强、纪增晖、黎纡滢、梁宇晓、魏宇航、林泳生、郭君、洪煜、方锦盛、常芹华、欧庆枢、余梦影、郭怡锋、黄妮娜、陆家福、范旭婧、邹岱伦、谭凌燕、严峻、叶雄波、易美红、张晖健、朱展锋、林艳云、林小瞬、冯庆勇、廖志伟、张琨、潘艳芳、叶鹏、伍志庭、杨倩、廖心宇等；

王清、刘永佳、李建孝、陈泽润、李隆强、许雯娟、董玉、齐建秀、陈志波、庄翰、李国君、陈窈妍、赵佳楠、陈怡平、邹雪琴、冼晴、黄海洋、易莉莉、范国信、王小颖、王泽锋、陈文、张月华、刘国武、邓展华、覃政仁、邓清波、戴权德等。

以上名单，仅代表我们共同工作在乡村振兴数字化转型工作中的一部分一线工作者，还有大量的同仁无法在此一一致谢，只能表达遗憾和再次的感恩。

特别感谢清华大学出版社顾强老师，是他的第二次信任和坚持，才让这本书最终面世。

另外,我还要感谢我的博导冯穗力先生,去年冯老师光荣退休,是他当年经常告诫我们"要学习一种学习的方法,而不是学习知识本身",到现在我还深以为然,支撑了我可以在不同的行业与身份中游刃有余地切换。

最后还要感谢我的父母,在困难的时候,总是父母对我的包容让我继续努力前行。

希望这本小书,能帮助各位读者真正投身乡村振兴的浪潮中。

张峻恺

2022 年 2 月 22 日